◎金承涛　孟繁之　主编

一枝一叶总关情

后金杜度家族人物史略及其直承后裔谱志

山西出版传媒集团
山西人民出版社

图书在版编目(CIP)数据

　　一枝一叶总关情：后金杜度家族人物史略及其直承
后裔谱志 / 金承涛等主编. —太原 ： 山西人民出版社，
2019.4

　　ISBN 978-7-203-10694-4

　　Ⅰ. ①一… 　Ⅱ. ①金… 　Ⅲ. ①家族 — 史料 — 中国
Ⅳ. ① K820.9

　　中国版本图书馆 CIP 数据核字 (2018) 第 296034 号

一枝一叶总关情：后金杜度家族人物史略及其直承后裔谱志

主　　编：金承涛　　孟繁之
责任编辑：郝文霞
复　　审：傅晓红
终　　审：阎卫斌
装帧设计：刘彦杰

出 版 者：山西出版传媒集团·山西人民出版社
地　　址：太原市建设南路21号
邮　　编：030012
发行营销：0351-4922220　4955996　4956039　4922127（传真）
天猫官网：http://sxrmcbs.tmall.com　电话：0351-4922159
E - mail：sxskcb@163.com　　发行部
　　　　　 sxskcb@126.com　　总编室
网　　址：www.sxskcb.com

经 销 者：山西出版传媒集团·山西人民出版社
承 印 厂：山西智慧景潮包装印刷有限公司

开　　本：787mm×1092mm　1 / 16
印　　张：12.25
字　　数：180千字
印　　数：1-1700册
版　　次：2019年4月　第1版
印　　次：2019年4月　第1次印刷
书　　号：ISBN 978-7-203-10694-4
定　　价：48.00元

位于萨尔浒古战场（抚顺大伙房水库）的努尔哈赤雕像，
后金天任覆育列国·昆都仑汗，百姓尊称"老罕王"

家族珍藏 400 余年，首次披露的褚英画像

辽阳市东京陵褚英墓地照片

褚英十三世孙金承涛（右一）携侄子金国苓、外甥女吴玉珺拜谒褚英墓

家族珍藏 400 余年，首次披露的杜度画像

杜度祠（位于本溪市平顶山公园，建于 2008 年）

杜度祠内的杜度雕像

（此两张照片由本溪市博物馆提供，

在此致谢！）

保存于北京市白石桥真觉寺
北京市石刻博物馆内的杜尔祜墓碑

乾隆十五年（1750）九月由礼部编号颁发的镶
红旗包衣贰甲喇（参领）关防印（乾字四千六
百六十九号）
作为公府对外行文用

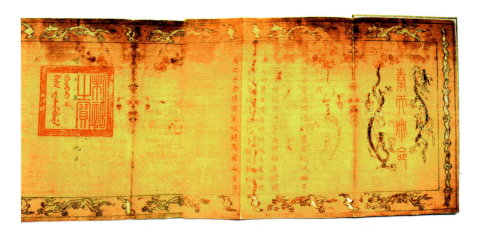

家族保存的顺治十二年（1655）册命敦达袭封固山贝子的圣旨，此为圣旨右侧。
圣旨全长388厘米，高38厘米，整体为黄色绸锦，上下边全部绘有真金漆绘飞
龙祥云。前后两头绘如意边。用朱砂红书写册命内容，满文在左侧，汉文在右侧，
文意相同，当中空白。

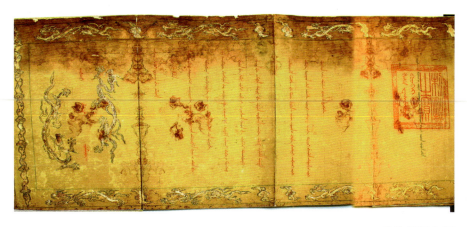

此为圣旨左侧

册封敦达的圣旨内容（金承涛手抄）

家族保存的贝子品级的蟒袍

虽然经常提到，但真正见过黄带子的人不多，这是家族保存百年的真实的黄带子

将军辅国公、荆州将军恒宁（恒颖）画像

大清光緒三十一年崇佑庭七十有四小照

尚書銜里功花翎福州將軍閩浙閩監督那政大臣兼襄閩浙總督兼福建鹽政大臣世襲本恩特筆

福州将军、闽浙总督崇善坐像

贝子衔奉恩辅国公入清昭忠祠光裕画像

辅国将军、副都统德裕及其手迹

金州副都统衙门

金州副都统衙门前的海东青塑像
（此两张照片是广东省教育研究院沈林研究员拍摄并提供的，特此致谢！）

家族保存的褚英一支的家谱（相当于《玉牒》中褚英一支世系表的副本）

褚英家谱的排列格式与横版《玉牒》一致

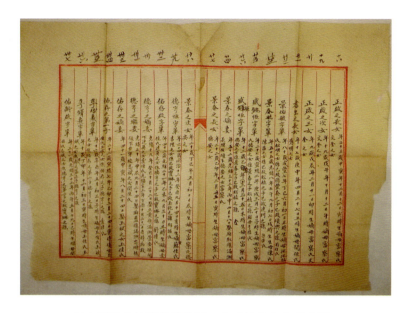

赵允溪保存的褚英孙萨弼一支手抄分支家谱残页1

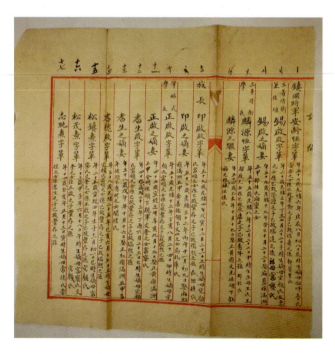

赵允溪保存的萨弼一支手抄分支家谱残页2，这份手抄分支家谱残页的格式是竖排

2015 年部分褚英、杜度后裔在北京祭祖后合影

目　录

前　言

　　我族支源远流长，依满族演化的历史轨迹而繁衍，有关先祖努尔哈赤及褚英的著述很多，不再重复（涉及褚英执政期与身亡之事的记述，颇多语焉不实和存疑之处）。褚英膝下一女二男得以长成，这支后继以杜度为长的家族，虽曾遭受"除籍"打击，自天聪至顺治、康熙年间，并未因悲情遭遇而消沉，而是识大体，顾大局，仍努力不懈，依然奋发有为，在文事、武功、军政方面英才屡现，其中不乏兼具政治性、戏剧性的故事，甚至有被故意在史籍中掩盖、捏造、歪曲之处，有待史家斧正。

　　世事日新月异，清末民初，环境剧变，先祖父德裕公以时代精神培育男女子侄，引领家族新风尚。先母喜塔腊氏恒太夫人讳宝琳，力挽困厄，辛勤抚育吾辈成长，晚年履艰，开创新天地惠及子孙。社会在发展，历史的潮流滚滚向前，个人靠自强、自律，奋发开拓，自祈福祉！

　　惜二位兄长已仙逝，幸得晚年余躯尚安，可编纂谱志以飨族人。此志供后者知我族人由何而来，从中吸取家族的精神力量！至于到何处去，则要依自我选择的道路，自强不息则希望与光明并存。

　　总之，生命、生活的内涵是维系永续不断的生存，而生存的意义则在于不断地创造幸福的新境界。

金承涛于广州

卷首语：有容乃大

金承涛

史书说满族兴起是靠八旗铁骑马上得的天下，建立的清帝国。这只说了表象——军事战斗力的一面。而满族族群、清朝建政施政的精神创造力和政治胸怀，以及文化的包容与纳新，多数史书并未予以发掘。

本书记述清前建州女真衍生的一支满族家世，领头人正白旗旗主褚英是努尔哈赤的嫡长子，领军参政最早，却不幸成为政权斗争的失败者，不明不白地死于高墙囚室中。褚英死后，他的两个儿子杜度、尼堪仍驰骋沙场，在后金与清朝两代的军政舞台上展现了他们波澜壮阔的一生，为大清国开基贡献良多。杜度的子孙后裔不乏军政才俊，或参与中枢议政，或统军主政一方，累计因功晋封贝勒、贝子、国公者多人，本支前后有二人进祀清昭忠祠。通过他们生前身后的故事，由此一斑的视野，却能发掘出不少具有历史文化内涵的东西，供方家参阅。附带也记录了这支爱新觉罗的子孙生生不息、自立自强、立足现代、茁壮繁衍的过程和事迹。

一、表现出满族爱新觉罗族群具有敦厚包容、共同战斗的族群理念以及"和"的思维。

在伦理理念、政治组织方面，爱新觉罗家族对待权位竞争对手的后裔与汉、唐、宋、明各朝有显著不同，非但不是赶尽杀绝，而且对舒尔哈齐、褚英、豪格等人的后裔亦与荣封，有德有才者可通过选拔担任军政要职，这些子弟也同样具有爱护宗族、忠于皇朝的品性。这种理念、性格可能与在东北大地上成长壮大起来的满族的民族传统有关，因历代社会生活与自然环境的磨砺，形成了旷达、厚直、睦族的民族性格。

清朝入关后，多尔衮、孝庄、顺治、康熙在施政方针中将清宫三大殿太和、中和、保和的"和"的道理融入政治、文化及宗族理念中。任命褚英的儿子尼堪担任首任宗人府宗令，最具深意。这既能弥补一些历史上的心理裂痕，又促使新一代精英在爱新觉罗家族政体中团结一心，形成合力。努尔哈赤的第三、四、五代中，一大批能人确也在顺治和康熙朝巩固政权、开创盛世上发挥了骨干作用。不幸的是家族的团结、人才的选用以及"和"的理念到雍正朝遭受严重摧毁，对此后清朝的政体和宗室军政人才的后继伤害很大，影响深远。

二、书中各人物的故事多涉及清史中重大历史事件和地方军政要务，其内容由微观的一角可为清代史实添砖补瓦。所附的图文，很多既具有历史意义，也具有很高的文物价值。如多幅画像、圣旨、关防印、蟒袍等物件，历经家族人事亡故变迁，社会动荡，尤其是在"文化大革命"中，均遭没收，没入官管"四旧"大库，受到严重损伤，侥幸的是原件尚存，终得回归！能够历尽劫难失而复得，实非易事，故尤感珍贵！足可珍惜！

1. 褚英、杜度本人的精致画像，出自当时宫廷指定画师之手，是历经四百年沧桑的文物。"文化大革命"中被某大学的"红卫兵"在画像面部涂上红色大叉子，悬挂批判，收回后经文物师傅精心修复，师傅说："万幸用的是红墨水，若用黑墨就无法修复了。"

2. 顺治帝的奉天册命圣旨与中华民国八年（1919）大总统令都是社会上少有的资料，材质、规格、格式、文字很能反映当时的政治生态与社会环境。

3. 镶红旗包衣二甲喇（参领）关防印，传递出很多历史信息。"包衣"是清代满族附属的一个特殊阶层，此印表明清朝包衣的军制与军事组织。包衣列入建制，有品级、有政治军事地位，"包衣"一词似不应简单地理解为奴才、奴仆，蒙古语中"包衣"的语义是"同一个帐篷里的"。

4. 杜度、尼堪、杜尔祜、准达的碑文内容各具特色和历史含义，可为研究人员提供参考。

5. 喜塔腊氏乃清太祖努尔哈赤舅舅家，是有清一代的一个贵重家族。

三、康熙帝对皇族宗室子弟的教育十分重视，不时地亲自督促考查子弟的国语、骑射、文事、武功。我们这支中的苏努、普琦以及后来的阿布兰，均是康熙帝亲自选拔出来的人才。此后各代皇帝对宗室子弟的教育选拔，似已缺乏应有的关注，由清中叶到清朝后期，宗室人才渐趋衰微，政治、军事方面可信可用堪当大任的人才逐渐枯竭。

四、八旗军制发展到清代后期，八旗下层官兵及其家属在城市生活中，很多沦为穷八旗、闲散八旗，不但缺乏战斗力，而且是制度性地衰败，主政者未能在创建新军的同时，结合新军整体编训改造。辽阳八旗学堂以军、文、工三结合的新式教育培育八旗子弟，着实令人耳目一新，但可惜仅为地方上的举措，规模小而不成体制，且为时晚矣！

五、附文3《守护永陵，造福一方》的标题是天津文史资料委员会在编辑本文时添加的。民国初年，民国政府依照优待皇室政策，仍由我支祖上原盛京副都统德裕驻守清永陵，兼顾周边地区治安。靠这支力量，使得这一带住户、商家，连续十三年免受军阀匪患的祸害，地方稳定，社会文明发展，这正是清帝在退位诏书中所期盼达到的太平发展的景象。

历史的真相需要在官书记载之外，结合传记、族谱、地方志等各类不同文献实录综合获取，谱书、传记是可靠的基本资料，当前很多人在寻根连脉编写宗谱，这本以宗族人物为主体的谱志，叙述了他们的生前身后事及各自的时代背景，志与谱相结合，使内容更丰满，对研究历史文化更具价值。特推荐给读者！

建州三固山之一、
创建正白旗的旗主广略贝勒褚英

　　褚英，是老罕王努尔哈赤的嫡长子，庚辰年生（万历八年，1580 年），生母是努尔哈赤于万历五年（1577）、18 岁时迎娶的嫡福晋，她是抚顺名门显贵家族佟佳氏塔木巴彦之女，名哈哈纳扎青，谥号元妃，有汉文名佟春秀。褚英以军功封广略贝勒，组建掌领正白旗，是正白旗第一任旗主。褚英 18 岁时（万历二十六年，1598 年正月）即奉命统军一千，长途奔袭征伐东海女真安楚拉库部，奏凯而归。对他出色的战果，大汗赐号“洪巴图鲁”（充沛顽强的大勇士），晋封为贝勒。嗣后经常参加战争。万历二十九年（1601）领正白旗之主。万历三十五年（1607）建州部与以布占泰为首的乌拉部首次单独较量，褚英率代善、扈尔汉以 1200 人奋战乌拉军 1 万人，鏖战由午时持续到天黑，俘获敌大将军常柱、瑚里布，夺取战马 500 匹、盔甲 3000 副，杀敌众多，建州军大胜。此战严重削弱了乌拉部的力量，壮大了建州部，开辟了建州通向乌苏里江、黑龙江中下游一条宽阔的通道。班师后，努尔哈赤授予他“阿尔哈图土门”（汉译广略之意）称号。

　　其实褚英是建州政权中以努尔哈赤为首，与舒尔哈齐共同建政、执政的三固山之一（亦称三统帅或三将），而非一般清史中所记仅代父执政数十天而已。[①]建州女真在建政扩张中，以黄、白、蓝三种旗色为标识，组成三支军事力量，是谓三固山，即三旗。三旗分别由努尔哈赤、舒尔哈齐、褚英统率，任旗

---

① 《清朝前史》第二章 211 页、《李朝实录》宣祖四十年（1607）3 月甲申条及《事大文轨·卷四十八》万历三十五年（1607）六月廿四日条，均载有关于“三将”（努尔哈赤、舒尔哈齐、褚英）的叙述。《清史考辨》5—91 页“论三固山”（1607—1610）以及《清朝前史》第二章 214 页也有相关记录。可见褚英早已是最高执政者“三固山”之一，而非一般史书所记代父汗执政仅数十天而已。

主。三旗人员以女真部落文化、渔猎组织牛录为雏形组建，随后在战斗中不断发展壮大，征服或吸收了众多女真部族、部落，还有不同民族的人归附。如何促使大批不同族裔的人相互融合，相处一堂，互不歧视，团结一心，是摆在统帅面前的一个难题。建州三旗，是在人力缺乏的条件下，经由在作战、生产、生活中探索、总结，创造出一套军民一体化、军事生产相结合的旗民政治体制，实现了从原有的以血缘、姓氏、穆昆为继承的部族组织文化提升为民族政权政治文化的飞跃。体制的创新、进步是社会发展的基础，满族是八旗体制，八旗组织在先，定名为满洲族在后，这在理论上恰合"观乎人文，以化成天下"，"阴阳合而生，仇必和而解"的思想。创建八旗体制，作为三旗之一的正白旗旗主褚英有创新之功，功不可没。

听家族老辈人谈说，老祖褚英、杜度统率正白旗、镶白旗，是因满族崇尚白色，以白为贵。早期女真人一旦编入旗籍，成为旗民，不论来自哪个部族、是何姓氏，其生活待遇及在生产、战斗中叙功授奖、功过赏罚，整齐一律，无歧视，不偏袒，一视同仁。旗民看到大家的权益基本等同相齐，心理上感到平衡顺畅，也体会到旗籍是自身经济生活的可靠依托，此谓齐人，由齐人达于齐心，这是第一要义。第二，旗人生活大事，如婚丧嫁娶，旗里能给予经济资助，还分给土地。男孩自幼就接受作战、渔猎训练，尚武精神、勇敢合群的性格及坚强的品质要从儿童时期培养，仅靠训练和军纪很难练出真勇士，养和育结合才能达到育人的目的，这是其二。第三，每个旗都是由来自各地不同部族的人员集合组成，均有各自传统的生活习俗，精神文化的沟通、认可是建群的基础，通过日常生活、生产、战斗，互相感染融合，自然形成守望相助的邻友、战斗中相互呼应的战友关系，旗民自会由衷地产生归属感，形成和谐团结的新族群。两白旗兵将英勇善战，多次以少胜多，充分彰显出其时八旗制度的优越性。

当大清入主全国政权后，中枢主政者实际实施的是"内汉外满"的政治理念，驻防八旗只当兵，不再从事生产，实行单一的旗兵钱粮薪给及老弱淘汰制，致使基层战士家庭经济生活困难，甚至度日艰难。将兵之间的官僚制，造成自弱战斗力、扼杀创造力的局面，使八旗制未能在新环境中发展改革、与时俱进，但是满族的族群整合过程自可视为中华民族小范围融合的先行者。

万历四十一年（1613）由于众兄弟贝勒联合五大臣讦告，褚英于三月二十六日被幽禁于高墙之内。这是一场为争夺继位大权而进行的深层次的政治斗争，对于在血雨腥风中锻炼成长勇于作战的褚英来说，既缺乏政治权谋，又孤立无援，终于在万历四十三年（1615）八月二十二日死于禁所，终年36岁。他的死留下颇多疑点，在各史书上写法亦不一致，因缺乏原始可信的资料都以模糊简略为主。由于讦告内容均是言谈想法及领导作风问题，不足以议罪，更罪不至死。天命九年（1624）四月甲申朔，太祖将皇子阿尔哈图土门贝勒褚英灵柩随景帝、显祖、孝慈皇后梓宫隆重移葬于东京寝园（即今辽阳市太子墓园）①。该墓园已被列为全国重点历史文物保护单位，地处辽阳市东京陵乡。

天命八年（1623）五月，努尔哈赤斩杀额尔多尼（巴士克）的罪状之一，为"在先大阿哥时额尔多尼、吴巴泰（乌尔古岱）二人曾谗告"，"进入辽东之后额尔多尼与四贝勒（皇太极）往来频繁，不过又是'行谗'罢了！"②

沈阳市在名为奉天时期民间有一传说："老罕王晚年曾在辉山（现沈阳市沈北区棋盘山风景区）思念长子褚英，故该山亦名'悔山'。"但史籍无考。

《圣祖实录·卷二三四》第13页记载，康熙帝训诫皇子时说："诸阿哥中，倘有借此邀结人心，树党相倾者，朕断不姑容也。昔太祖高皇帝时，因诸贝勒大臣讦告一案，置阿尔哈图土门贝勒褚英于法。"《世宗宪皇帝实录·卷二》第12页谈苏努案时述及"阿尔哈图土门贝勒褚英薨逝时"……康雍二帝以"树党相倾""讦告""薨逝"来表述褚英之死，似乎有公开宣称褚英并非凶死之意。

备　注

清太祖高皇帝共有十六位儿子，分别是：

---

① 见《清太祖武皇帝实录》。

② 《满文老档·太祖卷》51，第2、第5页。

褚英，长子，广略贝勒；

代善，次子，礼烈亲王；

阿拜，三子，镇国勤敏公；

汤古代，四子，镇国克洁将军；

莽古尔泰，五子，和硕贝勒；

塔拜，六子，辅国悫厚公；

阿巴泰，七子，饶馀敏郡王；

皇太极，八子（四贝勒），清太宗；

巴布泰，九子，镇国恪禧公；

德格类，十子，贝勒；

巴布海，十一子，镇国将军；

阿济格，十二子，英亲王；

赖慕布，十三子，辅国介直公；

多尔衮，十四子，睿忠亲王（摄政王）；

多铎，十五子，豫通亲王；

费扬果，十六子，崇德年间处死。

智勇善战、悲情压抑的

多罗安平贝勒杜度

　　杜度是清太祖高皇帝嫡长孙，广略贝勒褚英嫡长子，生母嫡夫人郭络罗氏，是常舒之女。常舒系自沾河携部众早期归来的首领，编入褚英所统的白旗，牛录仍由常舒统领，另增编半个牛录由其子布汗图统之（此后均改编入镶白旗）。杜度生于丁酉年即万历廿五年（1597）九月廿七日申时。他是努尔哈赤家族的第一个孙子，受到祖父的重视，又正值父亲褚英战果辉煌、意气风发之际——褚英被汗王于万历廿六年（1598）陆续赐号"洪巴图鲁"（大英雄之意）；万历三十五年（1607）大败乌拉军，赐号"阿尔哈图土门"（广有韬略之意）。在建州政权，他还被汗王及叔父舒尔哈齐纳入最高的执政集团。

　　杜度在不断兴旺发达的白旗旗主家族里，在备受重视和关爱中度过了童年和少年时期，当16岁即将成为青年将领时，风云突变，万历四十一年（1613）父亲褚英被幽禁，汗王命杜度代掌白旗旗主旗务，两年后万历四十三年（1615）八月褚英死于高墙之中。汗王对孙儿们虽然仍有诸多关心，并安排褚英的幼子尼堪（杜度的三弟）及其生母与褚英的嫡夫人郭络罗氏共同生活，切嘱郭氏以"原本之礼相待恭养之"，还吩咐杜度照料好尼堪母子的财务与生活。但丧父之痛、政治上的打击与家族中的险恶环境，使杜度内心深感煎熬。所幸他已成婚，迎娶的嫡夫人乌拉那拉氏是贝勒布占泰之女，也是祖父努尔哈赤大妃阿巴亥的小堂妹，此双重亲缘拉近了他与祖父的关系。当父亲刚故世后的一个月，九月初三戌时，他的第一子杜尔祜就出生了，使整个家族为之振奋。是岁，汗王订八旗制，由杜度领掌镶白旗，在旗务、军务等繁重的职司中以及经过萨尔浒战役的锻炼，早熟的杜度很快成长为一名勇敢、机智、冷静的青年将领。天命九年（1624）四月甲申朔，太祖将皇子阿尔哈图土门贝勒褚英灵柩随景帝、显祖、孝慈皇后梓宫一同移葬于东京寝园。①

杜度初授台吉，于天命八年（1623）已参与执政，列为九贝勒之一。② 天命九年（1624）正月，喀尔喀巴约特部台吉恩格德尔请求归附，杜度从贝勒代善徙其户口来归，杜度因功被封为贝勒。

天命十一年（1626）八月，大汗努尔哈赤病故，皇太极继承汗位，迫大妃阿巴亥殉死。亲人相继亡故，族人在政权斗争中的阴险狠毒，使杜度再次感受锥心之痛。随后皇太极以两白旗与阿济格、多铎所统两黄旗易帜为借口，夺去势单力孤的杜度所掌之镶白旗，自此皇太极自领两黄旗。这事在后金八旗史上常被掩盖，记述较为模糊。③

此举与皇太极初登汗位的誓词对照，真是莫大的讽刺。杜度对这个比自己年长五岁的叔叔皇太极在父亲褚英被幽禁致死这一政治斗争中所起的重要作用是明白的，而且在天命八年（1623）五月努尔哈赤斩杀额尔多尼（巴克什）时曾说"杀古出（满语朋友、伙伴之意）谈何容易，一支箭尚且惜之"；"在先大阿哥时额尔多尼、吴巴泰（乌尔古岱）④ 二人曾谗告"；"进入辽东之后额尔多尼与四贝勒（皇太极）往来频繁，不过又是'行谗'罢了"。⑤

为此，努尔哈赤于六月公开严厉谴责四贝勒（皇太极）并训斥德格类、济尔哈朗、岳托，责骂他们相互勾结，明确指出"岂置兄不顾，而令尔坐汗位乎"！

---

① 见《清太祖武皇帝实录》（《高祖实录》）。

② 《清太祖朝满文原档》（二）节，190 页，努尔哈赤率代善、阿敏、莽古尔泰、皇太极、杜度、德格类、阿济格及异性布尔杭台、德尔格勒理政。

③ 周远廉著《清太祖传》214 页，以及《多尔衮大传》中有述。

④ 额尔多尼、乌尔古岱均曾是努尔哈赤信任的大臣，额尔多尼通晓满、蒙、汉多种文字和语言，曾奉努尔哈赤之命创制满文，被授予男爵，天命九年（1624）又晋升为副将，是努尔哈赤所倚仗的近臣。乌尔古岱更是被努尔哈赤招为驸马，先后被授予副将、总兵官之职。二人曾被努尔哈赤视为朋友和伙伴，可见他们在努尔哈赤心目中的地位。可是二人均被努尔哈赤斩杀，在公开宣布的二人的罪状中有谗告先大阿哥褚英之罪，所用"谗告"一词表明褚英之罪有不实之嫌，也表明努尔哈赤已经明了了皇太极勾结诸臣陷害褚英之事。

⑤ 《满文老档·太祖卷·五十一》第 2、第 5 页。

现在皇太极已登上汗位，诸多施政措施让杜度赞服，同时杜度亦深知自己的处境，早已领教家族内一些人在权力斗争中的无情，此后他淡泊低调，族人及一般亲属的婚丧贺祭等往来应酬一概谢绝。①

顾念父祖征战创业维艰，作为努尔哈赤的长孙、褚英的长子，他必须识大体、顾大局，他激励诸子和本支族人建功立业，为褚英一支争气。

天聪元年（1627），杜度从二贝勒阿敏及岳托等出征朝鲜，朝鲜国王李倧请和，诸贝勒许之。阿敏欲仍攻王京，引杜度与其留屯，杜度坚决认为不可。遂与朝鲜定盟而还。

编者认为若阿敏与杜度久占朝鲜，拥兵不归，则八旗主力分裂，其后果将造成后金、朝鲜以及清朝的历史改写。

天聪二年（1628）二月，上征多罗特部，杜度留守。天聪三年（1629）十月杜度支持皇太极的决策，十一月从上征明，逼近北京，击败满桂、侯世禄。又偕同贝勒阿巴泰等攻通州，焚其舟，克张家湾。十二月回师至蓟州，明军五千自山海关来增援，杜度与代善亲身临战，杜度伤足。奉命统本旗军马驻遵化。天聪四年（1630）正月，明军来攻，败之，斩其副将，获驼马以千计。天聪五年（1631）三月，上命诸贝勒直言时政，杜度奏曰："谳狱务求明允，请别选贤能听讼，必整理事非，斟酌悉当者，庶有成效。"七月上征明，杜度留守。天聪六年（1632）四月上征察哈尔，复留守。天聪七年（1633）初监筑碱场城，《开国方略》记录，杜度"三月丁酉以羊犒筑城兵役。分兵驻守"。碱场城现名九龙山城，位于本溪满族自治县碱场镇九龙口村南一公里，太子河西岸二级阶地上，2006 年 3 月及 2008 年 10 月考古人员对该城进行详细考察，九龙山城保存较好。

天聪七年（1633）五月，明将孔有德、耿仲明来降，杜度偕贝勒济尔哈朗、阿济格赴镇江（现属丹东市九连城镇）迎护其众以归。六月，诏问征明及朝鲜、察哈尔三者何先，杜度奏言"朝鲜在掌握，可缓；察哈尔与我偪（逼

---

① 《多尔衮大传》中亦有谈及。

近，接近之义）则征之，破则天下自然胆裂，然后远取大同边地秣马，乘机深入明境"。此乃对明采取迂回战略，避开宁远、锦州一带正面之明军，可见杜度有勇有谋。

天聪八年（1634）皇太极率大军收察哈尔余部，进入长城，在宣府、大同一带扫荡。八年（1634）五月，杜度受命驻防海州。九年（1635）上命多尔衮、岳托率精兵在黄河以西接受林丹汗之子额哲归降，崇德三年（1638）得传国玉玺，察哈尔灭亡。

天聪十年（1636）四月，皇太极改国号大清，举行登基大典，改元崇德，命杜度代表子侄辈族人与多尔衮等共八人，在大政殿献行"尊号礼"。崇德元年（1636）四月，晋封杜度为多罗安平贝勒。九月，海州河口守将伊勒慎报明将造巨舰百余艘截辽河，为战御计上命杜度济其师，明军败退，乃还。十二月，上征朝鲜，杜度护辎重偕孔有德、耿仲明、尚可喜后行，以精骑略皮岛、云从岛、大花岛、铁山。崇德二年（1637）二月，抵临津江前一日，闻冰解，步行亦难，辎重大炮，何以得渡？不料天气骤变，一夕大雨雪，水复凝，冰复合，军数万径渡，真乃天佑杜度及大清，否则皇太极正可借口"迟误"之名降罪杜度，当时皇太极闻报说："天意也！"由于炮火辎重及时到达，清军迅速攻克各山城要隘，是为此后朝鲜附属清朝之前奏。是月，杜度同多尔衮攻取江华岛，败其水师，再败其军于江岸，克其城。崇德三年（1638）二月，上征喀尔喀，杜度同代善、济尔哈朗等留守，并监筑辽阳都尔弼城。是月，明石城岛总兵沈志祥挈属降，杜度运米济之。八月，多尔衮将左翼，岳托为扬威大将军将右翼，杜度副之，伐明。师于密云东北墙子岭，明军迎战，清军击败之。进攻墙子岭堡，杜度分兵入，破明黑峪关、古北口、黄崖口、马兰峪等关。岳托以病薨于军，杜度总领军务，与左翼军会师于通州河西，越明都至涿州，西抵山西，南抵济南，克城二十，降其二，凡十六战皆捷，俘204423人，获金4339两、银977606两。回军出青山口，自太平寨夺隘行。崇德四年（1639）四月，凯旋。赐驼一，马二，银五千两。八月，命掌礼部事。同年与贝勒济尔哈朗等略锦州、宁远。崇德五年（1640）四月，上巡视义州，杜度留守。六月，代济尔哈朗同睿亲王等于义州屯田，刘锦州，遇明兵，挫败之，克锦州台九、小凌河西台二。明总督洪承畴以兵四万扎营杏山城外，杜度偕豪格击败之，追至薄壕而还。又设伏宁远路，歼明运粮兵三百。寻往锦州诱明军，复击败之。八月获大凌河海口船，追斩来犯义州之敌。九月还。十二月再围锦州。崇德六年（1641），攻广宁，败松山、锦州援兵。同年三月，以听从睿亲王离城远驻，遣兵私回，论削爵、夺所属户口，诏从宽罚银两千。六月，复往围锦州，败明兵于松山。八月，从上亲征。九月，驾返，睿亲王暂还，留杜度代将围攻锦州。崇德七年（1642）六月初七巳时薨，年四十有六。病革时，诸王贝勒方集笃恭殿会议出征功罪，上闻之，罢朝。讣至，命护军统领图赖（杜度的外甥）往奠。

由于父亲褚英获罪圈禁于高墙之内，死于禁所，死后虽未免除"阿尔哈图土门"赐号和贝勒爵位，但在家族政治中对杜度影响至深。综观杜度的一生，尤其在皇太极继汗位后的十六年中，他在军政两方面努力有为，大小战役常胜不败，为本支族人及后裔树立良好的榜样。杜度在同辈中封贝勒最早，他智勇双全，能征善战；他戎马一生，战绩辉煌。在理政方面也有中肯见识。尽管累次受到明显的不公正待遇，但他格外谨慎，以避免皇太极借故对本支族人再次进行打击，这种战战兢兢、如履薄冰的悲苦心情伴随了他的后半生。不料，他所担心的事在他死后仅四个月就发生了。原因是参领拜山等人告发，杜度的福晋和儿子杜尔祜、穆尔祜、特尔祜每哭祭时辄言"凡贝勒以下等官，身后尚蒙赐祭，何独遗我？似此苦衷，其谁知之"。杜尔祜又语马克扎说"因纵人往塔山，遂归罪于我，罚则我不得免，赏则不及我，何欺凌之甚"。对这些不公平待遇发牢骚。依此，太宗削杜尔祜镇国公爵，将杜尔祜诸兄弟黜逐宗室。①

顺治元年（1644）十月，杜度诸子随军南征。二年（1645）二月，均复宗室。

杜度原葬于辽阳东京陵，后奉旨迁葬本溪封地（今名本溪市溪湖区石桥子乡响山子村），时称金王坟，《奉天通志》有载。墓地在"文化大革命"期间被

① 《太宗实录·卷六十三》第25页。

毁，只剩墓碑。1984 年墓碑迁至本溪碑林（平顶山上的一个景区）东侧的杜度祠内。①

多罗安平贝勒杜度碑文

朕惟国家谊笃懿亲，情殷惇睦，显爵之畀，即颁泽于生前；宠锡之加，更垂恩于身后。凡以重一本，厚宗盟，典之渥焉。尔多罗安平贝勒杜度，派衍银潢，庆流玉叶。扬威阃外，夙资克敌之功；宣力师中，允协维诚之义。且职司夫礼教，因志励乎寅清。追尔勋猷，宜加恩赉。特颁旷典，聿彰眷旧之情；丕布新纶，爰备饰终之礼。式循彝宪，建树丰碑。呜呼！鸿文焕赫，贲泉壤以增光；宝命辉煌，映松楸而生色。永垂奕祀，用志哀荣。

雍正元年十二月初三②

杜度有一姐，由太祖武皇帝赐婚，招后金五大臣之一瓜尔佳氏费英东扎尔固齐为孙女婿，费英东故后封一等直义公，世袭。祖姑太对娘家颇为关怀，两家关系密切，连续三代联姻。杜度有两弟，二弟早亡，三弟尼堪另列专文介绍。杜度的七个儿子中有爵位者五人：长子杜尔祜，二子穆尔祜，三子特尔祜，六子杜努文，七子萨弼。③

---

① 雍正元年（1723）立丰碑彰其功，并敕盛京礼部每年六月祭祀。
② 杜度碑刻现保存于本溪市平顶山公园杜度祠（21 世纪所建）中。
③ 《玉牒》及《清史稿·卷二一六》列传三、诸王二，8968 页。除杜努文无战功外，其他四子均以战功封爵。

沙场阵亡的敬谨庄亲王尼堪

敬谨庄亲王尼堪，褚英第三子，杜度异母弟，由继夫人生于明万历三十八年（1610），天命年间随军从伐多罗特诸部，有功。崇德元年（1636），以战功封固山贝子。顺治元年（1644）四月，从多尔衮入山海关，大败李自成。十月，进封多罗贝勒。顺治二年（1645），师次潼关，平定河南，诏慰劳，赐弓一。五月，从多铎克明南都，追获明福王朱由崧，又力战江阴，克之。师还，赐金二百、银万五千、鞍一、马五。顺治三年（1646），转战陕、川、楚地，击歼各路明军。十一月，复从豪格入四川，斩张献忠于西充。与贝子满达海分兵攻占四川各地。顺治五年（1648），师还，晋封敬谨郡王。顺治六年（1649），被任命为定西大将军。讨伐姜瓖，击溃之，承制进尼堪亲王。顺治七年（1650），与巽亲王满达海、端重亲王博洛理六部事。三理事王会议是由敬谨亲王尼堪、礼亲王代善第七子巽亲王满达海、饶馀郡王阿巴泰第三子端重亲王博洛三人组成，管理与协调六部的政务。三人均与顺治帝辈分相同，这是摄政王多尔衮将入关前在盛京时代派各王贝勒分管六部的理政制改为三王会议组合理政。理政时满达海向二王谏言："凡大小事宜当躬身自裁决，以防谗言之入，则忠正之道得矣。"顺治七年（1650）十二月，多尔衮亡故，这个三王理政制自顺治七年（1650）正月始，至顺治八年（1651）三月止，仅施行一年零二个月。

尼堪曾坐徇隐降郡王，顺治八年（1651）复亲王爵位，掌礼部。孝庄皇太后、顺治帝为统一考察、管理皇族宗室人员，经与宗族主要成员议定设立宗人府，命尼堪为第一任宗令，掌宗人府事。尼堪设立宗人府，制定法规制度，建立宗室人丁户口、人员档案，使宗室成员的奖惩司法自成体系。此机构一直延续至民国时期。顺治九年（1652），孙可望等犯湖南，尼堪被任命为定远大将军，率师讨伐。濒行，赐御服、佩刀、鞍马，上亲送于南苑。李定国陷桂林，诏入广西剿伐。十一月，尼堪督兵夜进，兼程至衡州，师未阵，四万余明军猝至，尼堪督队进击，大破之，逐北二十余里，获象四、马八百有奇。明军设伏林内，中途伏发，尼堪督诸将纵横冲击，陷沼中，矢尽，拔刀战，力竭，殁于阵。卒于顺治九年（1652）十一月二十四日，时年四十三岁。顺治十年（1653），丧归，上辍朝三日，命亲王以下郊迎，予谥庄。尼堪是清朝入关后唯一战死沙场的宗室亲王。享列清昭忠祠正殿中位第一人祭位（该祠旧址在北京崇文门内）。由第二子尼思哈承袭爵位，顺治十七年（1660）卒，谥曰悼。再由尼思哈第一子兰布袭贝勒。圣祖念尼堪以亲王阵亡，进兰布郡王，仍用原封号。康熙七年（1668）进亲王，娶鳌拜女。康熙八年（1669）鳌拜既得罪，兰布坐降镇国公。康熙十七年（1678）卒于军中。康熙十九年（1680），追论退缩罪，削爵。兰布之子赖士袭辅国公，与杜度四世孙普琦等时有往来。乾隆四十三年（1778），高宗以尼堪功著，力战捐躯，进镇国公世袭。光绪十八年（1892），尼堪十二世孙全荣袭爵。光绪二十一年（1895），其弟全福受封一等辅国将军。全荣、全福号为"二公"。

敬谨亲王府坐落在北京市宣武门内教育部街，原名东铁匠胡同，光绪三十一年（1905）设立学部，将王府征用，民国后教育部设于此处，街名改为教育部街。1995年由中国武警部队使用。2010年以后已列为清学部历史建筑，是重点文物保护单位。全荣、全福家族于光绪三十一年（1905）分别迁往西单邱祖胡同（西府）和报子胡同（东府）。尼堪这一主支后裔与杜度主支传人始终保持往来，1939年全府管事将他的亲妹张妈妈介绍到我家做家务，我们读书上学时很多生活上的事是由她照料的。张妈妈在我家八年多时光，与我们相处得如同一家人，她的公子后来成为优秀的牙科医师，家庭经济好转，将母亲接回奉养。老一辈人相继亡故，加之家庭住址变更，两支的后人渐渐断了信息和往来。①

和硕敬谨亲王尼堪碑文

朕惟国家膺图受禄，不吝爵赏，以锡有功，昭示来世，用垂不朽，典至巨也。尔和硕敬谨亲王尼堪，系太祖武皇帝之孙，太宗文皇帝之侄，厚爵固山贝子。当入山海关灭流贼二十万兵时，尔率兵信地击杀，复穷追败

---

① 《清史稿·卷二一六》，列传三、诸王二，第8970-8972页，有尼堪征战事迹详述。

贼于庆都。以尔此功，于顺治元年十月十七日升为多罗贝勒。及歼流寇，灭福王，平定河南、江南时，尔在彰关三败流贼，在芜湖江中生擒福王，降其兵卒，用红衣炮攻取江阴。又往征四川时，败贺珍兵三次，平定汉中地方，故封为多罗敬谨郡王。率兵征山西时，败贼兵八次；又围困大同时，使贼势穷迫，遂拔其城，以多罗郡王封为敬谨亲王。后以湖南贼寇窃发，命尔为定远大将军，统兵前往，殒身行间。尔虽鲜善行、功未足，称念系宗支，爰赐祭葬，勒之贞珉，永垂后世。昭朕敦族眝庸之意云。

顺治十二年六月十六日立^①

尼堪墓碑

———————————

① 尼堪墓碑立于顺治十二年（1655）六月十六日，原碑文中有"为国尽忠，累著功勋，实为国家屏藩"等语。顺治十六年（1659）十月，追论尼堪前罪，顺治帝以宗室阵亡有功，保留其亲王爵位。十六年（1659）十一月，顺治帝依宗人府所奏，着内阁另行撰写碑文，现存碑文即经修改后的碑文。见《清世祖实录·卷一三〇》。

杜度直系后裔承爵谱系纪要

多罗悫厚贝勒杜尔祜；固山恪恭贝子敦达及其后继

　　杜度第一子杜尔祜，天命元年（乙卯年，万历四十三年，1615 年）九月初三日戌时生，母嫡夫人乌拉那拉氏乃布占泰贝勒之女。初封辅国公，从太宗围松山、锦州有功。崇德七年（1642）六月，杜度亡故，按清初入关前的惯例，杜尔祜可以承袭贝勒或贝子爵位，但依上命借口某事令其降袭镇国公，甲喇额真拜山等首告怨望，削爵、黜宗室。顺治元年（1644）十月，从多铎南征。顺治二年（1645），复宗室，封辅国公。叙功赐金五十、银二千。顺治五年（1648），从济尔哈朗征湖广。顺治六年（1649），败明军于永兴，次辰州。进剿广西，定金州。顺治七年（1650）四月凯旋，赐银六百。顺治八年（1651）二月，进多罗贝勒，命议政。顺治十二年（1655）三月廿五日戌时溘逝，谥悫厚。嫡夫人瓜尔佳氏为费英东扎尔固齐之女（姑表亲）。共有八子，前四子早亡、无嗣。贝勒府第坐落于北京市宣武门内西绒线胡同 45 号院，路对面大院为车马圈。此宅由其子孙继承，于民国十八年（1929）左右出售。杜尔祜墓葬位于北京海淀羊坊店，20 世纪 90 年代为会城门公园。①

　　顺治十四年（1657）世祖敕建墓碑，碑上刻有《多罗悫厚贝勒碑文》。

　　此碑石现保存于北京市白石桥真觉寺北京市石刻博物馆中。

---

① 冯其利《京郊清墓探寻——宗室觉罗墓》，北京市档案馆编《北京档案史料》2001 年第 4 期，333—335 页。

第三代固山恪恭贝子敦达，杜尔祜子，崇德八年（1643）五月十九日卯时生，母嫡夫人瓜尔佳氏乃费英东扎尔固齐之女，敦达排行第五，前四兄早亡，无嗣。顺治十二年（1655）八月二十九日奉天册命袭封固山贝子。嫡夫人瓜尔佳氏系都统昭勋公图赖之女（祖姑太第七子之女，即祖姑太的孙女许配给外孙敦达，这是再一代的近亲联姻），妾巴鲁氏系福济之女。康熙十三年（1674）九月二十九日卯时溘逝，年仅三十三岁，谥恪恭。葬于北京丰台区西南太子峪村，沟谷汇成蟒牛河（俗称九子河），向南流淌。该村历史上有"七十二条玉带"之称，曾有显宦贵人葬此。敦达及其后裔墓葬群共占地二顷四十

多罗悫厚贝勒碑文

古帝王承天抚世 茸念宗亲 故 生则锡以荣封 彰其令誉 典最渥也 尔 杜尔祜乃多罗安平贝勒之子 性端良 制行诚恪 因系宗室 累封贝勒 方冀宗襄 乃封爵未几 遽尔奄终 念尔谊切 本支复隆 表著 爰考旧章 谥曰悫厚 勒之贞珉 用传不朽 庶昭 朕敦族之心 永为藩屏之懿典尔

顺治十四年八月十七日立

注：

一、石碑碑面左为满文，内容同汉文。

二、石碑碑高五米，上冠二龙戏珠，高八十公分，碑文高三百四十公分，石龟底座高八十公分。碑宽一百一十八公分，厚四十二公分。

三、石碑现收藏于北京市石刻博物馆。地址：北京市白石桥真觉寺五塔东侧约十米。

多罗悫厚贝勒杜尔祜墓碑碑文

亩。以敦达立祖，依次为老宫门、西坡二宫门、沟底三宫门、东坡四宫门。老宫门为贝子敦达墓地，坐北朝南，有宫门、享殿三开间，外有围墙。墙内有汉白玉制驮龙碑两座，系满汉文合璧，题"固山贝子谥恪恭敦达碑"，康熙十四年（1675）九月二十日立石。墓为砖宝顶，高3米。1937年老宫门被盗，地穴砖券暴露，可看到贝子敦达骨殖盛在骨灰罐中。1927年左右整个太子峪几乎是松柏树的海洋，其中不乏直径一米左右的红芊、黄柏、马尾松。1984年2月有人到太子峪村调查，还看到松树圈遗址，依稀能看出它的大致范围。[1]

---

[1] 冯其利《京郊清墓探寻——宗室觉罗墓》，北京市档案馆编《北京档案史料》2001年4期，338—339页。

　　第四代袭镇国公普贵，系恪恭贝子敦达第二子，康熙四年（1665）正月十一日戌时生，母嫡夫人瓜尔佳氏系都统昭勋公图赖之女。康熙十三年（1674）十二月，降袭镇国公。康熙三十七年（1698）四月，谕宗人府察行走勤惰，议奏普贵原有痼疾，今虽愈，不便令其行走，应革退。得旨：普贵向来行走尚优，既称痼疾已愈，着照常行走（康熙帝有意施恩）。雍正元年（1723）十月，以病告退公爵。雍正三年（1725）六月初三日子时卒，享年六十一岁。嫡夫人莽果氏，太子太保佑鲁克达尔汉阿赖之女；妾倪氏，尤塞之女；妾都克塔里氏，三等护卫罗米之女。曾以第十一子智保于雍正元年（1723）十月降袭辅国公，雍正三年（1725）正月卒，年七岁。再以第十三子于雍正三年（1725）正月袭辅国公，雍正四年（1726）十二月卒，年四岁。

　　第五代袭辅国公诚保，系普贵第七子，康熙五十一年（1712）八月十五日未时生，庶母倪氏生，前两位嫡母所生袭爵幼弟相继夭折，导致庶母所生的兄长诚保继承爵位。雍正五年（1727）二月袭封辅国公，乾隆十九年甲戌（1754）九月二十一日丑时卒，时年四十三岁，谥温僖。嫡妻马佳氏，密窦阿之女；妾珠氏，珠兰泰之女。

　　第六代袭辅国公庆春，系诚保第二子，其第一子五岁夭折。乾隆十五年（1750）十一月初三亥时生，庶母珠氏子。乾隆二十年（1755）二月袭奉恩辅国公（时年不足六周岁）。乾隆三十八年（1773）六月十八日寅时卒，年二十四岁。嫡妻王佳氏，王里珠之女。无妾。

孤悬一幼，族倚振兴

——将军辅国公恒宁及其后继

第七代将军辅国公恒宁（亦名享英、恒颖），庆春独子，乾隆三十七年（1772）九月十二日丑时生，嫡母王佳氏。乾隆三十八年（1773）十月，袭奉恩辅国公，时年仅一周岁多。在寡母的精心呵护、培育下，健康成长，文武兼修。先太祖母王佳氏培养独苗，为本家族的后裔兴旺建立殊功。嘉庆四年（1799）四月，被委为散秩大臣。五月署镶黄旗蒙古副都统，寻署镶黄旗满洲副都统，再授镶红旗汉军副都统。八月署正红旗蒙古副都统。嘉庆五年（1800）三月署正红旗护军统领。五月以不值宿，革护军统领职。是月，弹压试诔译生员，至晚，同副都统都尔哈灭收卷处烛，不准收卷，径行出场，革副都统职。嘉庆九年（1804）八月往守西陵，嘉庆十二年（1807）七月回京。[①] 嘉庆十五年（1810）八月授正白旗汉军副都统。嘉庆十六年（1811）八月授荆州将军。在任深感兵丁依饷为命，每遇身故缺出，家人多致冻馁，乃令八旗于士卒内有父老子强者，三年一请移补，自此援以为例。嘉庆二十年（1815），疏请将马价银九万六千两的生息银，添设余兵九百六十名，每人每月支银一两。得旨议行。

【编者按：八旗士卒每户人丁常达六至十人，以饷为命，似未能在康乾盛世下分享到盛世生活之甜头。】

---

① 《清史列传·卷三》124 页。

恒宁在任八年[1]，嘉庆二十四年（1819）因病解任。道光元年（1821）六月初十日辰时卒，享年五十岁。《玉牒》书将军辅国公。嫡妻金佳氏，总管富克精额之女；妾赵氏，赵德之女。共有四子，长子昆图三岁夭折。

恒宁第三子纯福，嘉庆三年（1798）六月二十四日申时生，嫡母金佳氏，嘉庆二十五年（1820）三月十八日辰时卒，年仅二十三岁，先于其父亡去。嫡妻诺敏氏，道员永安之女。留有二子。纯福于道光十五年（1835）九月被追封为辅国公（相当于第八代袭）。

恒宁第四子纯惠，道光年间封奉国将军，同治七年（1868）卒。

第九代袭辅国公崇锡，纯福子，嘉庆二十一年（1816）正月十一日寅时生，嫡母诺敏氏。道光元年（1821）十一月，以长孙承袭辅国公。道光十六年（1836）七月奉命守护西陵。道光二十四年（1844）十·月，授散秩大臣。咸丰四年（1854）四月二十二日亥时卒，时年三十九岁。嫡妻博尔济吉特氏，总管鄂山之女；继妻辉发那拉氏，达兴之女；媵妾吴氏，平安之女。留有三子。

第十代袭辅国公端秀，崇锡子，道光十八年（1838）五月十二日亥时生，嫡母博尔济吉特氏所生第一子。咸丰四年（1854）闰七月，袭奉恩辅国公。光绪二年（1876）六月初十日巳时卒，时年三十九岁。嫡妻赫舍里氏，多山之女。育有五子，有两子夭折。

---

[1] 见《荆州驻防八旗志·卷九》。

杜度九世孙崇善

福州将军、闽浙总督崇善头像

多罗安平贝勒杜度九世孙崇善，字佑庭，是将军辅国公恒宁（恒颖）第四子纯惠之子，排行第四，道光十二年（1832）生，咸丰元年（1851）袭封奉恩将军。曾任锦州副都统、盛京将军。光绪二十七年（1901）正月初七调任绥远城将军，未及到任，同年二月初十改任江宁将军。光绪二十七年（1901）十二月，崇善奏请改练新军，革除旧习，并变通设立随营武备学堂，由所练各营内挑选精健、聪颖、略通文义的营兵到学堂学习。得旨："着即认真训练，俾成劲旅。"光绪二十九年（1903）三月，以福州将军兼署闽浙总督，赐尚书衔军功花翎，再兼闽海关监督、福建船政大臣、盐政大臣。公务繁剧，积劳成疾，光绪三十三年（1907）正月奏请病退，七月免各职。此后宅居北京库资胡同，次年病故，享年七十七岁。崇善的墓葬位于北京南郊长辛店太子峪西坡二宫门内辅国公崇锡墓附近，20世纪70年代赵德林家后方。

【编者按：崇善以七十岁高龄，一人身兼将军、总督、海关监督、船政大臣、盐政大臣五要职，身心疲惫，必耗其寿。光绪朝后期，朝中人才匮乏，可信可用之臣加重担当，于此可见一斑。】

贝子衔勤愍辅国公光裕；辅国将军，副都统，福陵、昭陵、永陵守护大臣德裕及其后继

第十一代袭贝子衔勤愍辅国公光裕，端秀子，同治二年（1863）八月初九日寅时生，嫡母赫舍里氏。光绪二年（1876）十一月，袭奉恩辅国公。光绪十五年（1889）正月，授散秩大臣。光绪十七年（1891）九月，派出守护东陵。光绪二十六年（1900），加派巡察京畿九门，可直接向帝后奏报要务。八国联军入侵，京城与东陵失守，均遭侵略者辱踏。庚子年（1900）九月十八日殉难，时年三十八岁。是岁奉旨追赠贝子衔，谥曰勤愍，入祀昭忠祠。[1] 嫡妻王佳氏，王海之女，留有一子广寿；继妻费莫氏，志颜之女。

据老一辈口述，光裕公于庚子夏曾向皇上（光绪帝）和老佛爷（慈禧太后）专折奏报："滦河一带有俄军游弋和侵驻，恐对东陵不利……"事后了解到俄军确实在那一带设下大军埋伏，阴谋等待清皇朝向热河行宫转移时俘获众多贵重人物。庚子事变后光裕公属下猜测，光裕公殉国后，帝后降旨给予叙功议节、加恩晋爵荣封，多半是因为此项情报准确、及时地为光绪帝和慈禧太后选择出逃方向提供了重要参考，从而避开东北方向不去承德山庄行宫，而选择西行。

---

[1]　宗人府发给的最后一次修谱玉牒记录是贝勒衔。

第十一代袭辅国将军，副都统，福陵、昭陵、永陵守护大臣德裕，端秀子，光裕弟，同治八年（1869）十一月二十四日子时生，嫡母赫舍里氏。前二兄夭折，家族排行第二，字仲克。光绪十四年（1888）十二月，考封二等辅国将军。光绪二十三年（1897）九月，授护军参领。光绪二十八年（1902），授凤凰城守卫。光绪三十年（1904）二月，授辽阳城守尉。在任创立八旗学堂（学文、工、军）和军械铁工厂，组织人员修筑炮台加强城防。光绪三十一年（1905），任中俄边境巡阅使，力促俄军退出国境。在黑龙江鸡西密山一带大量组织移民屯垦，于中俄边境重地兴凯湖中国一侧建立具有桥头堡作用的商贸基地，发展以货易货的边境贸易，使密山半截河当壁镇一带人口迅增，经济活跃，巩固了这一线边界安全。此后在他的提倡与支持下，山东移民毕月涛等人于民国初年在当地兴建现代火力发电厂和农产品加工厂、面粉与酿酒厂，该企业统称"裕记火磨"。宣统二年（1910）九月临危受命，奉旨任盛京副都统，并充福陵、昭陵守护大臣，兼署金州副都统。代表清政府军方与日军代表乃木大将谈判。要求日方按照1895年11月8日中日签订的《交收辽南条约》各款执行，敦促日军由辽东各地撤出，坚持收回金州（大连）主权。他在任职期间着力支持改革维新，预备行宪政。亦曾被推举为奉天各地满蒙汉八旗、内务府、宗室觉罗总代表上奏军政意见。德裕嫡妻费莫氏，志彭之女；续娶周氏；有三子六女。光裕殉难后，宗人府原拟由德裕继袭公爵，德裕念及兄长捐躯殉国难，留有一子广寿幼弱，理应培育，宜为承继人。三弟继裕也于光绪十九年（1893）八月十九日英年早逝，年仅二十二岁。嫡妻赫舍里氏，员外郎郎式玉之女，留有一子广炽。一门三兄弟两支孤儿寡母，德裕肩负护持、培育、照料之责，得保家庭传承、兴旺。

德裕接到清廷于1912年2月12日（腊月二十五日）颁布的退位诏书后，按帝后在诏书中劝谕臣民保持安定的精神，一方面统领所属满、蒙、汉八旗官兵继续行使保境安民的任务，同时与东三省保安会共同拟定将盛京、金州所辖各八旗军民进行有序的改编和安置。避免了如关内某些省区发生的对八旗军民断饷、断粮，造成其生活无着的困苦状态。德裕将军将各主要后续事项大致安排妥当后，于当年十一月将盛京副都统衙门各军政权事正式交卸给民国政府。

随后，德裕将军按逊清朝廷及民国政府安排，接任兴京副都统兼永陵守护大臣、副都统衙门及永陵守护大臣，掌边防衙门均设在兴京东堡（新宾县永陵镇的前身）。继续领有三百余人的护卫力量，靠这只武装力量得保当地十余年免遭军阀胡匪之害。

永陵地处启运山前、苏子河畔，傍大清国发祥地后金故都赫图阿拉，右有呼兰哈达山，山势奇特，海拔814米。德裕在任期间坚持不懈地保护陵园一带已生长了两三百年的参天古树，抵制了砍伐势力的诱惑与破坏，并自投资金在山区研究人工培育人参，将技术提供给当地农户，大力发展种参业。德裕还主持创办了兴京第一所女子小学。经过十余年的努力，将永陵建设成交通通畅、人口增长、生活安定、经济较富庶的历史名城。德裕任职至民国十三年（1924），将管辖事项移交地方政府，携眷返回北京故居。民国十五年（1926）病逝，终年五十八岁，安葬于北京南郊长辛店太子峪祖坟。德裕留有三子（广恩、广泰、广安）及六女。四位女儿入读大学，毕业后投身教育事业，其中三人——金葵声、金陟佳、德静陆终生未婚，晚年由侄子承藻、宗懿夫妇照料，故后奉安北京西郊万安公墓。

《奉天通志·卷一九三》42页记载：

> 德裕，字仲克，宗室，光绪三十一年（1905），署辽阳城守尉。时讲求新政，爱创设八旗学堂、八旗铁工厂、讲演所。旋回永陵副都统任。清季拓别墅于呼兰哈达深处（即今新宾满族自治县永陵镇烟囱山）。树木艺麻，篱落鸡犬，自成一家，萧然山水间以自适。其性非祭时不着衣冠云。

第十二代袭辅国公广寿，光裕第二子（第一子夭折），光绪十七年（1891）十二月二十六日辰时生，嫡母王佳氏。光绪二十八年（1902）十月，袭奉恩辅国公。民国元年（1912）九月，奉懿旨："所有从前恩赏王公等府第、房间、地亩，均加恩赏给作为私产。钦此。"[①]

广寿卒于民国七年（1918），嫡妻博尔济吉特氏，未育。

奉恩辅国公广寿像

[附文1]

创办八旗学堂、八旗军械厂

商震字启予，祖籍浙江绍兴，光绪十二年（1886）农历九月二十一日出生于河北省大城县，稍长在望都县学习、生活。光绪三十一 年（1905）考入保定北洋陆军速成学堂，接受新式的训练教育。在校期间结识了革命党人，其中山东昌邑人陈干与他关系尤为密切。陈干比商震年龄大，是他高年级的同学。商震在1906年初毕业后，入奉天讲武堂短期进修，此时陈干在辽阳城东沙浒屯办学，因宣扬维新革命思想，受到当地士绅排挤，被逐出沙浒，困顿之际，他邀商震到辽阳共谋发展之路。

创办宣讲所和半日学堂

辽阳是东北地区历史悠久的古城重镇，在日俄战争后，更突显出它在军事、政治、文化上所具有的重要意义。陈、商二人若想在这个地区站稳脚跟，有所作为，必须争取到强有力的人物的支持才能开创局面。时值清朝辅国将军、辽阳城守尉德裕由京返任，他们了解到德裕虽然是宗室

商震照片

---

① 与民国政府在此前达成优待皇族协议。

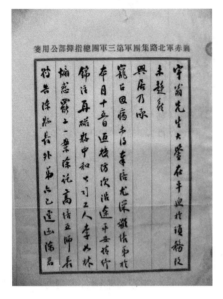

商震手书

贵族，也是当地有实权的最高官员，可是作风开明，提倡新政，平易近人，于是曾两三次叩衙求见，均被拒绝。后经当地士绅、辽阳劝学所总董张尔文介绍，才蒙接待面谈。德裕平日喜阅《京话日报》，对该报主笔彭翼仲的文章颇为赞赏。面谈中得知陈干是彭翼仲的学生，陈、商二人又均受过北洋陆军的新军教育，所以愿意支持这两位青年，拨给经费让他们先办半日学堂和宣讲所。他们将辽阳东大街永发祥油房的院了和空仓房稍加修改，成为适合教学的教室及一个可容纳多人的会堂。半日学堂招收青年和儿童，授以官话（普通话）、识字、算术、体育等，八旗子弟、官兵家属以及民众均可参加。主要读讲报纸刊登的有关清政府推行的新政，如起草宪法、废科举后的学堂教育，以及文化科学知识、世界地理知识等。开班后仅半个月，固定上课的学生人数即达 200 人，宣讲堂也是次次人满，这两处的授课与宣讲全部由陈干、商震二人承担。半日学堂和宣讲所很快名声四播，受到辽阳民众的欢迎，陈、商二人也很高兴。他们在宣讲中结合时事，用革命民主的言论启迪民智。此后，士绅张成箕和刘二堡在辽阳也办了两所宣讲所。

创办八旗学堂和八旗军械厂

半日学堂和宣讲所取得了良好的开端。陈干有组织、宣传能力，敢闯敢干，锋芒外露，商震却颇稳重，讲授课程条理清晰，细致耐心，很受学生欢迎，二人在当地都有着良好的口碑。

陈干照片

德裕将军见二人确有实干的才能和勇于任事的精神，就委托陈、商二人创办八旗子弟学堂，校址选在马神庙。此庙原为旗属香火庙，有正殿三间，东西配房各三间，东西厢房也是各三间，很宽敞；后园有地四亩，可作操场之用，经费由旗属官地每亩加征 200 钱拨给。招收的学员以八旗军人子弟、后裔、满汉旗民为主，兼收居民儿童，免收一切费用。教学要求军、文、工三结合，以军事训练和教育为基础，同时学文化、学手工技艺，学习之余到八旗军械制造修理厂中实习、当学徒，为将来谋生储备技能。陈干任校长，商震负责教务，招收了 200 多名学生，按陆军组织编成三个队，聘请了数名志同道合的教师，教材由教师自选。八旗学堂于光绪三十二年（1906）2 月开学。德裕将自家两个子侄也送入学堂，嘱托陈、商二人用心教育。商震在筹划、管理教务工作的同时，自己也担任重点课业的教师。军事体育采用军事训练的教育方式，要求严格；文化方面选读《孟子》《诗经》和古今中外名人、英雄的传记，历史、自然科学用启蒙画、挂图等解说，儿童们很快就能理解。

商震到辽阳后剪掉了发辫，学生中剪掉发辫的也不乏其人。体育课不仅在操场上做各项操练，还到野外分队演习攻防。师生均穿土黄色布操衣，列队行进高唱军歌。军歌是商震自谱的歌词："中外大通，恢恢五大洲，天地风云，铁血变春秋；轩辕黄帝，开辟我中华，四亿同胞，俱是我一家。"学生中常有自称"刚毅男儿"或"铁血男儿"的，尚武精神弥漫学校。商震欢迎学生家长来校在外围听讲参观，老师注重家访，学校与学生家长联系密切，颇有乡塾遗风。陈、商二人还到商店、作坊向店员、工友、师傅们讲说读书的重要性和国事民生。他们借观音堂作为讲学场所，又成立了商业学堂，不久迁移至金银库，授课内容与八旗学堂大致相同，只是少了军事体育，此校后来并入了八旗学堂。辽阳城工商界人士在民主革命时期曾做出不少贡献，颇受商业学堂的影响。陈、商二人勤奋工作，又兴办了女学。学生多是八旗学生的家属，参与其中的还有当时女界中维新进步的知名人物，如左华、李亚龄等。女学后因陈、商离开辽阳无人接办，乃停。辽阳创立贞静女学，创办人张成箕实是受此指引。

号召革命，险遭重罪

光绪三十四年（1908），八旗学堂邀约其他学堂共同在城内炉灰山举办运动会，比赛项目有赛跑、竞技、武术表演、军事队形变化等，事属新颖，群众纷纷前来参观，万人空巷。大会闭幕时，陈干登台演讲，慷慨激昂，痛述中国积弱，都是政府官吏腐败贪污所致，必须推倒。他号召学生奋发图强，当救国救民的第二代，甚至说："陈干不死，中国不亡，况有商启予乎！"此次公开号召民主革命的呼声，引起了辽阳州官鲜俊英的关注，认为将给地方滋生事端。恰逢暑假期间，校中一批学生在太子河游泳，由河中拾到一枚日俄战争中遗留的炸弹，学生用石头敲击引起爆炸，学生廖伯华当场被炸死，伤者数人。鲜俊英趁机找借口将陈、商二人拘捕下狱，并指使狱吏对二人进行诋毁虐待。他打算将二人按革命党人重惩，上报省衙，以此邀功。但因牵涉八旗学堂背景，他又不敢贸然处理，便派人向德裕请示。此前德裕受朝廷委派担任中俄边巡阅使，处理日俄战争后遗留的俄军与边务事宜，早已离开辽阳，常在黑龙江密山一带或盛京（沈阳）办公。正巧这时他在盛京，并先已接到八旗学堂报告，他嘱咐学堂不准滋事，迅速联络学生家长和有关士绅出面，向鲜俊英请求保释，给鲜留有转圜余地。同时他回复鲜说："陈、商二人在八旗学堂任事确有业绩，尚未发现有造反行为，但青年狂妄自大浮躁，应给予训诫，从轻处罚，释放为宜。"鲜既未抓到陈、商二人具体的造反把柄，又有士绅请求，也只好顺势处置，将二人训斥一番后释放，但通令将"山东民人陈干逐出辽境内"。陈干随即离境，商震负责将八旗学堂交给汤百川接办之后，便远赴山东烟台一带秘密从事革命活动。商震离开辽阳后，士绅张成箕等在辽阳和刘二堡也办了宣讲所，还创办了第一民立学校及贞静女学，张东壁于宣统二年（1910）创设第二民立学校。自八旗学堂及以上几所学校之后，城内又相继开办男女师范、启化等10余所学校，学生达2000多人。在私立学校里，因受到商震在八旗学堂里教授风尚之影响，教师言论多可畅言无忌，故地方上称为"民主派"。

重返辽阳，组织起义

宣统二年（1910）武昌起义前后，商震重返辽阳开展革命活动。他结交了一位志同道合的好友，名徐景清，字道五，是辽阳城西刘二堡人。徐在辽阳警察教练所当教官，为人仗义，人有危难竭力相助，颇受地方人士敬重。徐平日向教练所的学生灌输新思想，所以很多学生倾向革命。商震与徐计议，为了扩大队伍，徐率领可靠的学生到刘二堡活动、发展。徐在富户王成显的资助下，3个月的时间集合训练了200多人。商震又经警方捕盗营头目尹锡五，警察教练所学员石补天、郭维等协助联络，发展了200多名正式登记入册的革命青年。大家商议在1911年年尾起义，以辽阳高丽门外郭家店为集合地点，计划与刘二堡的徐景清里应外合，一举占领辽阳，号召全省起事。不料事机不密，被时任奉天巡防营前路统领的张作霖侦知，经报告东三省总督赵尔巽批示，命令张作霖从二十镇陆军中派一个营，由黄管带率领，全部便装疾驰至辽阳进行剿捕。黄管带率兵到达辽阳，即刻向州官史纪常下达了赵总督的命令，部署围剿。史纪常马上暗中将剿捕令告知商震，并用自己的马车派亲信护送商震到马

依屯车站（今首山站），乘火车南下大连转赴山东。行前商震嘱人传信给有关
人员，可惜消息未及时送到，农历十月十二日拂晓，黄管带已率兵包围了高丽
门外郭家店，尹锡五率一小部分人冲出包围逃往河东，黄当场杀害 10 人，俘
虏了 27 人，被俘者后均被处死。名册被搜获，知州史纪常为安定民心，征得
黄管带同意，将名册当众烧毁。刘二堡的徐景清得讯迅速遣散所属，自去烟台
与商震会合，在山东组织关外学生军。学生军的骨干多为辽阳学生，如八旗学
堂的尚奉先，警察教练所高才生、曾任区官的谷正中（此后他还转赴安徽参与
革命事业），还有宣讲所的学员喻德洪等。辽阳的辛亥起义计划虽然失败了，
但商震等人传播的民主革命思想，不但唤起了很多民众的觉醒，并且使得投身
革命的学生、教师、警员、店员形成一股洪流，薪火相传，献身社会。

[后　记]

　　先父是八旗学堂与商震关系较密切的学生，我幼时多次听他谈起这段风云
故事，但对确切的人物姓名、时间都很模糊，承蒙沈阳故宫博物院研究员佟悦
主任提供相关资料，才得以解决，谨致谢忱！此外，1928 年，商震出任河北
省主席，在北平获知我祖父已在前一年辞世，特将家父找去说："德公过去委
托我培养你们，未能善始善终，现趁你还年轻，今后隔日来我书房陪我一同学
习英文及现代军事知识，我请有老师辅导。"可惜学习仅半年多，因商震军政
公务繁忙，家父又无意进入军政界，当商震要调职之际，就辞谢了老师的眷
顾之意。八年抗日战争胜利后，1946 年 4 月，商震以陆军二级上将衔、老同
盟会会员身份出任中国驻日代表团团长，3 年后辞职，弃政从商，留居日本，
1978 年逝世于日本，终年 92 岁。

（引自《商震早期在辽阳的日子》一文，作者：金承涛，
见《纵横》2009 年 11 月期，总第 239 期）

彭翼仲与陈干

陈干（1882—1927），山东昌邑白塔村人，曾以该县知县胡师孝为师，光绪二十八年（1902）参加毅军，在北京通州武卫左军当兵，深受《启蒙画报》《京话日报》启发，往拜彭翼仲说："今读贵报，心里佩服得没了法子，如不嫌弃，愿为弟子。"正式确定了师生关系，执弟子礼甚恭。彭师曾诫嘱他："成大事，戒锋芒。"1905 年参加同盟会，在东北、山东进行革命活动，黄兴曾任命他为山东民军统领。民国初年任少将旅长，1913 年升中将。1922 年中国为收回青岛主权与日本谈判，经吴佩孚推荐，黎元洪任命陈干担任鲁案第一部委员。在谈判中他发现王正廷总长与日本人私订的"别纸约定案"内有土地"永远租界"和出让电报和海底电缆权益的内容。他坚决反对，力争全部修正，在黎元洪的支持下改正了条约，收回了国家权利。

1926 年底，陈干随蒋介石北伐，任十路军二支队司令。1927 年 4 月 18 日宁汉分裂，8 月蒋桂派系斗争，李宗仁出任代总司令，8 月 18 日桂系将陈干枪杀于南京，年仅 46 岁。1986 年山东省政府追认陈干为"辛亥革命山东烈士"，山东省政协曾组织纪念陈干座谈会。

彭翼仲（1864—1921），名诒孙，又号子嘉，江苏吴县（苏州）人。祖父彭蕴章曾任文渊阁大学士、军机大臣、国史馆总裁、署兵部尚书等职，伯父彭祖贤官至湖北巡抚。彭翼仲担任过通判，光绪二十七年（1901）以后弃官办报，在京师创办第一家报纸、报馆（包括印刷厂），陆续在北京发行《启蒙画报》半月刊、《京话日报》和以官绅为对象着重介绍西方科技、政治的《中华报》。他的办报思想是替普通百姓说话，平时很受读者敬重。在政治上彭翼仲倡导维新变法，反对暴力革命，主张办学办报"开民智"，以救治中国之贫弱。《大公报》

彭翼仲照片

光绪三十三年十一月初一（1907 年 11 月 26 日）评论：北京报界之享大名者，要推《京话日报》为第一。彭翼仲是近代著名的爱国人物，为人豪侠勇敢，一直 "呕心挖肝苦办报"，"努力傻干"，至死不渝。（见《京话日报》第 241 号《演说》）我国现代思想家、教育家梁漱溟在《我是怎样一个人》一文中自述，"我的一位父执"（指的就是彭翼仲），为办报 "家产已赔垫干净，并负了许多债。年关到来，债主催逼，彭公十分煎熬。创业之初我父亲赞助其事，我家财务已随着赔送在内，此时还是只有我父亲援救他。后来从父亲的日记中，见出当时情形之艰难和他们动机之纯洁伟大"。

[附文 2]

清末中日辽东地区军事谈判

金承涛

清末辽东中日军方谈判照
（照片右侧为辅国将军、副都统德裕，后立者为侍从、管事胡善同；
左侧二人是日本代表，后立者是日军翻译）

　　1904 年 2 月 8 日，日军在我国辽东半岛发动日俄战争。俄军战败后，于 1905 年经英国协调，日俄签订《朴次茅斯合约》，将俄国从我国辽东半岛及南满铁路等强行夺去的权益转让给日本。由于清政府的抗争，虽然日本迫使清政府于同年 12 月 22 日签署了《关于满洲的日清条约》（即《中日会议东三省事宜条约》），日本得以继承俄国原在南满的各项权益，但南满地方上的基本主权仍归清政府所有，条约细则不够明晰，造成未决悬案。

　　1907 年 6 月，清政府任命徐世昌为东三省总督，并耐人寻味地任命美国耶鲁大学毕业的唐绍仪为奉天巡抚，任命这两位具有西方新政思维和国际视野的大吏明显地具有抗拒日本的意味。

　　同年，日本政界元老陆军大将山县有朋公爵在政策意见书中指出："……对我在满洲之经营，所到之处皆试图反对或妨碍，须经彼我两国协议之事业，几近停滞，其弊将不堪忍受，乃今日之概况也。"

　　宣统二年（1910）徐世昌晋升内阁，锡良接任东三省总督，他在奏报中说："全东北兵力仅止二镇二协（相当于张作霖早期的两个师、两个旅），对日俄的野心即再练一二镇亦不足言战守……罢可缓之举，节可省之费，添练数镇，敌或有所惮而不敢轻发，是舍练兵无以图存。""兵事既起，无制造接济军器，则有兵与无兵等。"为此东北加强扩军，同时借款筹资兴建现代兵工厂。

　　日俄战争中，日军伤亡人数极高，但战后对俄索赔却未能达到一些贪得无厌的日本团体与个人的预期，1905 年 9 月 5 日，在东京日比谷发生了数万人的暴乱，东京市百分之八十的警察所被焚烧或捣毁，首相府及内相官邸被袭击。1906 年，日本西园寺首相秘密视察满洲，感到处境严峻，回国后立即将日本关东总督府（军政机构）改为关东都督府（行政机构）。1909 年，日本政界元老策划侵略朝鲜的伊藤博文在哈尔滨被朝鲜志士刺杀身亡。

　　我的祖父辅国将军德裕在日俄战争前历任凤凰城、辽阳城守卫，战后任中俄边巡阅使，在黑龙江等地力促俄军退出东北国境，并在密山一带组织移民垦荒，开展边贸以固边防。由于他熟知辽宁地区的地理和各方军事态势，宣统朝他奉旨任盛京副都统兼福陵（努尔哈赤墓）、昭陵（皇太极墓）守护大臣，兼署金州副都统。他根据 1895 年 11 月 8 日中日签订的《交收辽南条约》，坚持要求日本将金州（甲午战争时八旗官兵及百姓对日抗击作战最惨烈的地方）及散驻辽宁各地的军队撤走。

日方谈判代表是军方负责人乃木希典大将，当时日本国民经济不景气，各方政治势力斗争尖锐，谈判的难度比预料的稍小。经多次谈判力争，乃木希典同意将分驻金州及各地的日军撤回，归还金州主权。在他回国前，安排军方代表继续协商实施的具体方案。据家父生前回忆说，在公务谈判之余，德裕大人与乃木希典大将曾有两次私宴应酬沟通，发现在军人刚毅的外表下他不时有低沉情绪流露，当时分析认为可能与他的两个儿子阵亡及日本国内对军方的指摘有关，不料他回国后，于 1912 年 9 月 13 日以明治天皇亡故为由，夫妇二人同时自杀。

经过不懈的努力，促使日军撤离金州等地的谈判终于拟定了具体方案，双方商定了旅顺、大连地区的军事界限。1911 年春，谈判结束，双方代表合影留念。拍照地点应该是在清军驻地，可能是在残破的金州副都统衙门（现为大连市文物保护单位）。1911 年下半年，政局动荡，政情、政府、人事剧烈变化，某些政客、权要、军阀暗中投靠日本，上述谈判成果大部分付诸东流，不幸夭折。

（发表于 2013 年 9 月《关东满族》第十三期）

［附文 3］

守护永陵，造福一方
——追忆我的二祖父德裕

广庄璘

护陵大臣

1917 年我出生于兴京永陵（现辽宁新宾县）的一个满族大家庭，原籍北京。我的祖父弟兄三人，祖父名继裕，行三；德裕是我的二祖父；大祖父光裕袭辅国公，光绪十七年（1891）奉命守护东陵，后又加派京城九门巡察等职。光绪二十六年（1900）九月，东陵遭八国联军入侵践踏，大祖父悲愤难抑，投井殉难，年仅三十八岁，当年奉旨追赠贝子衔，谥勤愍，入祀昭忠祠。祖父二十二岁时早夭，祖母携年幼的父亲一直由在世的两位祖父照拂。大祖父殉难后便由二祖父单独照应。

二祖父德裕于同治八年（1869）生于北京，历任清朝官职。光绪十四年（1888）考封二等辅国将军，光绪二十三年（1897）授护军参领，1904—1905年日俄战争祸乱我东三省，奉命任中俄边巡阅使，力促俄军退出边境，并开始在黑龙江密山一带组织移民落户屯垦，以固边防。宣统二年（1910）奉旨任盛京副都统兼署金州副都统（正二品），并充任福陵、昭陵守护大臣。为此移家盛京，祖母、父亲同往。清末民初又奉命接替墨麒任兴京副都统兼永陵守护大臣。民国初年有优待皇室政策，德裕保有 300 名护兵，薪俸如故，驻守永陵，兼顾周边地区治安，靠这支力量使得这一带住户商家，在军阀混战、胡匪为患的乱世得保十三年的太平日子。

德裕以守护祖宗第一陵为荣，决心要在这里做些对得起祖先、有利于当地老百姓的事情。当时因日俄军的抢掠，陵寝长期未得到有效维护，百废待举。他到任后，首先增补人员，以扩充管理力量。对陵寝进行必要的修缮整理，清点擦拭祭器，建立了保管、检查、维护的规章制度。其后祭典也得到恢复。按清代祖制，每年有四次大祭、二十四次小祭，另外还有历朝皇帝"东巡"祭祖的盛典。此番恢复祭典虽规模不及从前，但每次庆典也都"行礼如仪"。德裕主持庆典时，由东堡街中心的衙门骑马出来，后随卫队，缓缓西行，出西门，过玉带桥，至下马碑前下马，走进陵宫亲祭。整饰一新的陵宫，祭日香火不断，承祭队伍庄严肃穆，蔚为壮观。

文娱活动

赫图阿拉城（在今抚顺市新宾满族自治县）位于苏子河南岸，始建于明正统五年（1440），努尔哈赤的祖先举族迁到这里筑寨而居。努尔哈赤即降生于此。

永陵镇在苏子河北岸，距赫图阿拉城4公里。永陵在镇北2公里处。该陵为清皇室爱新觉罗氏的祖陵，始建于明万历二十六年（1598）。永陵地区民风淳朴，但比较闭塞，文化娱乐活动相对滞后。德裕来到永陵后，竭力开拓风气，每逢酷暑的傍晚，便请街坊邻居到府院纳凉，让由北京带来的随从奉亮给大家说《西游记》和《水浒传》等评书。奉亮一口京腔，嗓音洪亮，他的表演很受欢迎。德裕坐在老人们中间，请众人喝从北京带来的好茶。有人说："肚里没本，不想喝茶水。"德裕说："那以后就准备'开白凉'（凉白开）。"后来听书的群众越来越多。

德裕还几次从盛京请来演员，在自家院内吊起大灯，为大家演皮影戏。当时"到德大人家喝'开白凉'去。"，成了当地群众参加这种娱乐活动的指代语。

此前，永陵总管衙署从不曾接纳民间游艺团体，德裕主事的那些年，每年正月都接待民间的秧歌队，并用木制的"果匣子"装满元宵作为礼品送给他们。那些年，当地秧歌活动空前活跃，表演者边舞边唱，唱词花样翻新，无形中形成了一种竞赛的局面。

永陵的正门称正红门，正红门外东侧有一棵大榆树，关于此树有不少神话传说。相传此树经常滴水，用此水洗眼睛可明目，乾隆东巡时称此树为"瑞榆"，并作《神树赋》刻石碑立于树旁。该碑文字俱佳，早年禁止拓字，德裕感其地处偏僻，世人知之甚少，遂请人翻拓传播。其后听到消息，许多人都想拓取。德裕说："已经有了拓片可供翻印，还是要把此碑完好地留给后人。"遂禁拓如前。

栽培人参

陵宫坐北朝南。正红门前方约一公里外各有一村镇，名为东堡、西堡。再向南，苏子河横向西流。河对岸有一座山，名烟筒山。山上树木葱茏，风景宜人。德裕在山上建了数间草房，供游人休憩，有时也携我们上山小住，当地人美其名曰"副都统山庄"。山北坡土质肥沃，德裕认为这里适宜栽培人参，可以开辟为参园，于是派人从外地请来两位有经验的参农——丁把头和张把头，传授栽培人参的技术。德裕经常请他俩到府邸做客，两位把头是山东人，喜欢抽旱烟，看到德裕抽水烟觉得挺新鲜，有时就与他换烟抽，"拉呱儿（谈话）"时间长了就同桌吃午饭，相处得很是愉快。德裕自己出资购置参苗和参帘子等用具。其后三四年，栽出的人参已销往营口时，德裕却告老还乡。临别他嘱咐两位把头："换来的钱要扩大生产，要使种参业成为永陵人的一条生路，你们要当好领头人。"据说正是由于德裕的引导，当地才有了栽培人参的传统。

保护陵林

永陵正红门外，东起东堡西村口、西到西堡东村口之间有一片树林，面积至少两万平方米。这片树林是建陵时栽种的，至民国初年已生长了三百多年。林中树种很多，大部分是松柏。这些树木遮天蔽日，气象森严。我在西堡，学校在东堡，每天必从其间穿行。我和另一个女孩走在不见天日的阴森森的树林里，总有一种恐惧感，往往是一路小跑，等跑出林子时已是气喘吁吁。

那两年从树林南面的苏子河上游经常放木排下来。遇到枯水季节，因下游水浅不能放排，木排主人便将木排拆散，把圆木或方木码放在西堡前的岸边，等河水丰盈时再编排下放。这种景象对守着这片树林生活的人来说无疑是一种诱惑。当地士绅便动起了这片树林的脑筋。他们先求回事人康子如向德裕"透话"，意欲伐林，被德裕严词拒绝；后来又请衙门里的人郑重进言，德裕仍不为所动。士绅们仍不死心，公然选出几个能说会道、有头有脸的代表找到府上游说，先是恭维了一番德裕的才干和政绩，然后转入正题："大人到此两袖清风，地方无以贡献，如果允许开发林木，所得收益大人拿大头，将来卸任还乡也可惠及子孙。"德裕正色回答："此林乃建陵时栽种，迄今已有三百多年，它是陵的明堂，陵的气势，幸得百姓爱护，历代保存完好。现在我这努尔哈赤的第十二代孙，跑到这儿来私卖祖业，贪赃分肥，岂不是家族的罪人？何以见先人于九泉之下！"士绅们无颜退下，背后却说："这老头放着大财不发，真是穷命，太迂阔了。"也有熟知宗族内情的人说："他和他殉国的哥哥一样，对祖先倒是一片忠心。"

兴办女学

支持开办女学是德裕的政绩之一，这话得从我母亲说起。母亲卞淑宜是永陵当地人，出身寒微，外祖父靠在异地教私塾养家糊口，母亲自幼为其舅父的长女当陪读，得到了学习的机会。最初陪表妹在私塾读四书五经，民国时期又陪表妹进奉天城，在大西门里胜家缝纫机公司工艺学堂学习裁缝、刺绣等新工艺。结业后，适逢大东门里女子师范招生，母亲便去报考，毕业后回到家乡永陵街。当时永陵只有男校，母亲立志兴办女校。她冲破重重阻力，奔走宣传，得到了一些家长的理解，答应如果办成学校，可以让女孩上学。德裕听说要办女学，主动让出都统衙门后院的房舍作校址。母亲请当地士绅为董事，向县里提出创建"永陵女子小学校"的申请。创办女学正合民国开办学校的潮流，很快得到了批准，还发了设备费，并委任母亲担任校长，责其正式筹备建学。

民国四年（1915），父母成婚。父亲当时在县师范学校读书，后留校任教。当时我家住在永陵府邸的东邻，与都衙后院的女校仅一墙之隔，为了便于母亲上班，二祖父德裕命人开了一个后角门。

永陵女子小学在采用新教科书的同时，还根据校董们的意见，加学了经学。母亲认为"吾日三省吾身""己所不欲，勿施于人""并坐不横肱"等格言古训，有益于学生修身立性，但不应泥古，作文则使用白话，今人说今语。小学毕业，算术必须学会加减乘除，并通珠算，写字提倡使用软笔，而且必须通过考试。还建了图书馆，促进学生课外阅读。春秋佳日，组织学生郊游，采集标本。经几位教师的长期努力，学生们的文化知识水平日渐提高。一次，省里的督学官到新宾检查工作，以"天晴了"作为考试题目，这可难倒了六个学校的高年级学生。他们平时作文惯用"之乎者也"，不免感到无从下手，不少人交了白卷。唯独永陵女子小学的学生无一人交白卷，并且写的都是白话文，文通字顺，言之有物。督学官进一步检查了学生的作文，发现教师平日作文命题皆密切联系生活实际，强调新思想新内容，不禁大为赞叹。其后省教育部门通令嘉奖永陵女子小学，学校因此声名鹊起。他们还发给母亲一块刻有"热心教育"的奖牌。民国十二年（1923）政府下令取消了"优待皇家"的待遇，德裕离职，携家小返回北平。德裕离职不久，陵林遭到彻底砍伐，据说木材用来修铁路了。

（《天津文史资料选辑》2007 年第 1 期，总第 109 辑，作者 广庄璘，

终生从事教育工作，曾任沈阳市人民代表、政协委员）

[附文 4]

记东三省八旗军谋划勤王的内幕
——清帝退位诏书的历史意义

金承涛

甲午战争、日俄战争打破了东北三省的平静稳定，尤以辽东半岛遭受日军的摧残破坏最为严重，战后东三省总督徐世昌、锡良、赵尔巽（宣统三年到任）连续着力发展经济，建设奉天兵工厂，扩编军队，对满蒙汉八旗加强训练、改进装备，提升了军人素质与作战能力。政治上按照朝廷部署，三省均设立咨议局，推选出各界代表与议长，预备施行宪政。

一、八旗子弟组军要求南下决战

辛亥年八月十九日（1911 年 10 月 10 日），驻守武昌的新军工程第八营的革命党人打响了武昌起义的第一枪，起义军控制了武昌、汉口、汉阳三镇，获得南方多省响应，纷纷表示支持革命，宣布自治，组织南方临时政府与清廷对峙，要求彻底改变国体。在这种政治形势下，东北三省的八旗官员和子弟普遍认为某些革命党人长年游走海外，投靠勾结外国侵华势力，起义不是为了政治清明、民生福利、民主宪法、强国富民，而是意在挑拨民族仇恨，排斥旗民，满足其个人野心与权力欲望！东北三省的八旗官员和子弟群情激愤，纷纷要求入关南征与革命党人决战！各八旗组织要求时任盛京副都统，兼署金州副都统，福陵、昭陵守护大臣，辅国将军德裕为总代表向朝廷和皇帝奏报。

宣统三年（1911）十二月初五，奉天八旗满蒙汉宗室觉罗内务府总代表宗室德裕，发出呈请内阁代奏电义：

> 我奉天八旗子弟世受国恩，断不忍坐视君主逊位，任彼革党强以共和，虚名欺蒙。倘革命党等仍不反正，东省八旗子弟定必组织决死队，附入北军，定期南征。与伊以铁血相见，先行电禀，敬请代奏。

宣统三年（1911）十二月初六奉旨：

> 奉旨：内阁代递，奉天八旗满蒙汉宗室觉罗内务府总代表宗室德裕电奏，倘革命党等仍不反正，东省八旗子弟定必组织决死队，附入北军，定期南征等语。着赵尔巽查明形势，究竟能编练若干营，何时可以成军开拔，迅即奏闻，钦此。

内阁总理大臣袁世凯

（军机处现月档）

[《中国近代史料丛刊·辛亥革命》（五）第 324 页，上海人民出版社 1957 年 7 月出版。]

　　十二月初五的奏报上达朝廷后，像块石头投入湖中，激起层层波浪，首先隆裕太后及醇亲王阅后深感欣慰，在各省宣布自治声中还是老根据地的铁捍八旗和奉天内务府领有的三陵一宫、皇家护军对皇朝与行宪政忠贞不贰，是可靠的力量。二是来电反映出满蒙汉八旗在东北三省政治军事中仍然具有主动作为的权力、能量。其三，增强了朝廷在谈判中的筹码；面对拥兵自重的袁世凯，皇朝在坚持条件底线中增强了底气。南方临时政府代表获知此讯颇感压力，因为他们知道临时政府不但缺乏正规的作战部队，而且没有丝毫财力支撑军事战争的后勤供应。袁世凯接此上奏电报视为搅局的坏消息，严重影响他谋划的如意算盘，他很明白东三省可组织入关的八旗军力与能力，均不足以掌握全局，但是东省八旗军一旦入关，打出决死的旗号，定会激发在全国各地驻防的八旗官兵的斗志和战斗力，所产生的后果难以预料，增加了谈判的紧迫感。同时他也急需掌握东北八旗军的军力与行动计划，所以袁氏马上复电要求迅即奏闻。赵尔巽、德裕接复电后密议，商定派专差急赴北京，由内务府安排直接向醇亲王、太后秘奏可组织的八旗军力与行动部署，请圣上定夺。据说专差回报讲醇亲王传达太后与皇上口谕："东省八旗子弟忠勇可嘉，深感欣慰。着原驻地待命候旨。"不料数日后接到的圣旨之一是清朝皇帝退位诏书，将天下拱手相让；另一道圣旨是劝谕臣民安定诏。东三省八旗子弟虽感痛心，但仍按诏书精神支持总督赵尔巽、奉天咨议局议长吴景濂合组东三省保安会，吉林、黑龙江两省成立分会，由原任巡抚担任分会长。维护了三省边境与社会安定、经济继续发展的局面。东北百姓深为痛心的是，稳定富饶的东三省，此后竟成了军阀政客呼风唤雨称霸一方的资本，并最早将它引入水深火热的灾难之中。

　　清帝退位诏书已是一百多年前的历史文件，这份划时代的文件本身及清末南北和谈纪实，多年来为革命者闻人与写史者所鄙视。回顾南北和谈的精神，分析退位诏书所承载的政治文化内涵，在近代史中是一项应予以认真研究的重要课题。

二、南北和谈与清帝退位诏书

（一）武昌起义打响后，南方很多省市纷纷响应，宣布自治。清廷召回赋闲在河南项城的袁世凯率北洋军镇压。袁世凯拥兵自重，另有企图。他指挥北洋军在前线构成对起义军的军事压力后，又按兵不动，形成战事胶着状态，以便迫使清廷与南方起义军、革命党人谈判，自己趁机捞取政治资本与权位。清廷派出以唐绍仪为首的谈判代表，既代表皇朝，实际上也代表了清资政院选举出的总理大臣袁世凯及其内阁，还有北洋新军。南方推举出以伍廷芳为首的谈判代表，代表的是起义军、革命党、十七个自治省市咨议局人士，以及此后在南京成立的临时政府（1912 年 1 月 1 日成立）。1911 年 12 月 18 日下午，双方于上海开始协商谈判。有一位特殊的客人是受一些外国大公司委托列席的传教士，名义上是进行会议协调，当然也关注涉及外商的事宜。会议还邀请英、美、法、日诸国驻沪使臣列席旁听。在南北方谈判的全过程，还有 位幕后主持人，名赵凤昌，字竹君，常州武进人（1856—1938），晚年自号惜英老人，上海住宅名"惜英堂"。曾担任湖广总督张之洞的首席幕僚，张氏在政治、经济上的作为，多由他策划或经办。后因政治上避嫌，张之洞派他长驻上海从事经济、政治情报活动。他本人既有政治家的文化素养，又具有政治交际能力。庚子年八国联军之难时，赵是南方自保方案的主要策划者之一，他在幕后掌握，由盛宣怀出面组织实施。武昌新军起义也有他背后支持的身影。此次谈判，南方全权代表证书就是经赵凤昌之手发给伍廷芳的，每当谈判代表遇到难解的重大问题，当晚各代表烦请赵凤昌为权威协调人，到惜英堂继续进行非正式协商。1912 年初孙中山返国，到达上海第二天就前往惜英堂拜会赵凤昌询问大计。赵氏当时是立宪派首领人物，也是力主中华统一的人，此后黄兴所率南方革命军因后勤不得力军费无着落时，其时孙中山携夫人宋庆龄等人赴各省考察、旅行、演讲，皆是赵凤昌私人拿出数万元解救军费急用。在谋划建立中华民国的过程中，他也是一位不显山不露水不争权位的具有传奇色彩的政治活动家，曾被新闻界誉为"中山宰相式人物""民国诸葛""民国产婆"。

（二）辛亥年（1912）腊月中旬，南北谈判已较成熟，腊月十六（2 月 3

日）隆裕皇太后与王公大臣议定，责成袁世凯全权与民军商酌议和文书和条件，奏报核准。当日袁世凯与南方总代表伍廷芳联系，依照陆续谈判协商一致的成果，袁氏提交了一份完整的协议与条件文本给对方。六天后（2月9日）伍廷芳代表民军和南方临时政府回复达成一致意见的清廷退位、新国之体、政权转移的协议，还包括对退位后皇帝的优礼条件，对清皇族的优待条件，对满、蒙、藏、回各族的礼遇条件。三个优礼待遇条件与退位政治协议是浑然一体、不可分割的条约内容。全部协议文件经隆裕皇太后最后核准，代表清朝政府定约。宣统小皇帝时年六岁。三日后，即辛亥年腊月二十五（1912年2月12日），按上海《申报》报道，晨九时，隆裕皇太后升养心殿上，由袁世凯进呈退位诏书，清后阅未终篇已泪如雨下，随后交世续、徐世昌盖用御宝发出。并按照双方议定将退位诏书及三个优礼条件用公文由南北两方分别照会各国驻京公使转达各国政府。隆裕皇太后是位平庸的妇女，丈夫不爱婆婆（慈禧是她的姑母）对她也不尊重，缺乏政治才干，但在历史的重大关头，她表现出自知之明的理智和决然担当的魄力，为民众共和立国、宪法治国、和平建国做出贡献，立了一功。南方代表伍廷芳在其日记和言词中，几次用"光荣"来形容清宫的这番作为。1913年2月22日凌晨，隆裕皇太后病逝，终年46岁。中华民国政府为她举行国葬，在故宫太和殿设灵堂，正中悬挂挽幛，上书"女中尧舜"，昭示国人。

清帝退位诏书

朕钦奉隆裕皇太后懿旨：

前因民军起事，各省响应，九夏沸腾，生灵涂炭，特命袁世凯遣员与民军代表讨论大局，议开国会、公决政体。两月以来，尚无确当办法。南北暌隔，彼此相持。商辍于涂，士露于野。徒以国体一日不决，故民生一日不安。今全国人民心理，多倾向共和。南中各省，既倡议于前，北方诸将，亦主张于后。人心所向，天命可知。予亦何忍因一姓之尊荣，拂兆民之好恶。是用外观大势，内审舆情，特率皇帝将统治权公诸全国，定为共和立宪国体。近慰海内厌乱望治之心，远协古圣天下为公之义。袁世凯前经资政院选举为总理大臣，当兹新旧代谢之际，宜有南北统一之方。即由袁世凯以全权组织临时共和政府，与民军协商统一办法。总期人民安堵，海宇乂安，仍合满、汉、蒙、回、藏五族完全领土为一大中华民国。予与皇帝得以退处宽闲，优游岁月，长受国民之优礼，亲见郅治之告成，岂不懿欤！钦此。

同时南北达成两个协议清单即三项优待条件，第一个清单是《满、蒙、回、藏各族待遇之条件》，内容为：

一、与汉人平等；

二、保护其原有之私产；

三．王公世爵，概仍其旧；

四、王公中有生计过艰者，设法代筹生计；

五、先筹八旗生计，于未筹定之前，八旗兵弁俸饷，仍旧支放；

六、从前营业居住等限制，一律蠲除，各州县听其自由入籍；

七、满、蒙、回、藏原有之宗教，听其自由信仰。

以上个条例为正式公文，由中华民国政府照会各国驻北京公使。

第二个清单包含两项协议，一为《关于大清皇帝辞位之后优礼条件》，一为《关于清皇族待遇之条件》。

甲　关于大清皇帝宣布赞成共和国体，中华民国于大清皇帝辞位之后享有《关于大清皇帝辞位之后优礼条件》。

一、大清皇帝辞位之后，尊号仍存不废。中华民国以待各外国君主之礼相待；

二、大清皇帝辞位之后，岁用四百万两，俟改铸新币后，改为四百万圆，此款由中华民国拨用；

三、大清皇帝辞位之后，暂居宫禁，日后移居颐和园，侍卫人等，照常留用；

四、大清皇帝辞位之后，宗庙陵寝，永远奉祀，由中华民国酌设卫兵，妥慎保护；

五、德宗陵寝未完工程，如制妥修，其奉安典礼，仍如旧制。所有实用经费，并由中华民国支出；

六、以前宫内所用各项执事人员，可照常留用，惟以后不得再招阉人；

七、大清皇帝辞位之后，其原有之私产，由中华民国特别保护；

八、原有之禁卫军，归中华民国陆军部编制，额数俸饷，仍如其旧。

乙　《关于清皇族待遇之条件》

一、清王公世爵，概如其旧；

二、清皇族对于中华民国国家之私权及公权，与国民同等；

三、清皇族私产，一体保护；

四、清皇族免当兵之义务。

以上个条例为正式公文，由中华民国政府照会各国驻北京公使。

上述条件原拟稿是"大清皇帝逊位后"，南方代表不同意"逊位"，经张謇协调，改为双方同意，采用"辞位"。

三、透视南北和谈与退位诏书：思想大解放、民主大开发

（一）由南北政府组织的和谈实质也是政治协商会议，会谈时间长达近两个月，成为全国百姓与外国政府关注的焦点。发言者不仅是会议代表，他们的言论在会场外也引发了全国各地、各界人士发出自己的声音，自己之所想、之主张。人们把对百日维新、庚子赔款（《辛丑条约》）、预备行宪诸历史大事的思考，对国家对社会的诉求都充分表达了出来。新闻媒体成为会议外自由讨论、辩论的阵地，各界人士畅所欲言、广泛参与的论坛。从某种角度来说，这一事件意义重大，影响深远。它开启了民智，激发了民众关心国事的热情，无形中提高了民众的民主爱国心。中国有史以来，这是当权者与黎民百姓第一次

无禁锢的大讨论。讨论中国往何处去，要一个什么样的中国……尽管讨论结果未作归纳总结形诸文字，但它的确是一次思想大解放，民主大开发。用现在的话说，就是在"软实力"上收获颇丰。它直接引导民国在文化、教育、政治、工商业方面出现蓬勃景象，促进了各方面的发展，一度形成百家争鸣、千帆竞渡的人文气象。可以说，南北和谈协商成果既具有广泛的代表性，也具有民主支持的权威性。

（二）退位诏书并非皇朝一家之言，它是南北会谈取得一致意见的政治纲领，只不过是以退位诏书的形式昭告全国，实质上是一篇政治宣言。退位诏书明确了以下政治内容：1. 共同建立的大中华民国国体是立宪体制，依宪法治国。诏书与此后由宋教仁主持起草，1912 年 3 月 8 日经临时参议院通过，3 月 11 日公布实施的"主权在民"的《中华民国临时约法》7 章 56 条，同为起草宪法之基础。在我国依宪法治国的难点在于如何真正地遵守实施，比如：如何监督？是法大，还是权大？2. 汉族与满、蒙、藏、回以及其他少数民族地位平等，采取五族共和体制组成大中华民国。南方临时政府放弃了孙文"驱除鞑虏，恢复中华"之类煽动民族仇恨的口号。否则正好为英、俄、日对西藏、新疆、蒙古虎视眈眈提供机会。若帝国解体，上述地区的领导者原系忠顺于大清皇帝，极易形成四分五裂的局面，谁来整合？3. 领土依然包括蒙古、西藏、青海、新疆及东北三省，原大清的疆域全部统一在大中华的版图中。

（三）诏书与优待条件具备契约性。诏书虽然以清宣统皇帝和隆裕太后的名义颁布全国，但它实际表达的是南北政治协商达成的以和平方式，解决国家政权转移交接的条约、条件，不是太后与皇帝单方面的意愿与要求，是以适合社会传统、政治习惯，经双方讨论选择的一种最具权威，又合法理的形式发布出来的，依此契约谈判，各方均有认真遵守的责任和义务。

（四）政权转移在法理上具备高度的合理性。清帝退位后是在和平中将国家、民众、领土、政、军、财等全部统治权转交给以共和立宪为国体的国家。对国内蒙古、西藏、青海、新疆地区的王公和首领来说，他们归顺效忠的是大清皇朝，一旦皇朝不在了，他们将何去何从？现在由清帝安排、引领他们进入共和国，在法统上是完全合理的。民国时期设有蒙藏委员会，两处列为"地方"单独行政。对于外国政府来说，新政府具有合理合法的传承性，更便于继续承认和受到尊重。

（五）清帝退位是以和平协商的方式逊位给按民众意愿组建的立宪共和国，而非一家一姓的王朝，避免了全国性的动乱与屠杀。纵观我国历史，秦朝是以砍掉的人头数量来奖赏官兵的，随之而来的楚汉之战，火烧阿房宫，熊熊大火数日不熄，汉末魏、蜀、吴之争，东晋十六国之乱象，南北朝九国走马灯似的更迭，隋唐等的杀伐夺国，唐末五代十国争霸，元末朱元璋与陈友谅的厮杀，火攻水淹无所不用其极，民族自残，尸横遍野，赤地千里，民不聊生，社会破败……现在以和平方式进行时代更替，共同创造新中国，保持了社会稳定、经济发展、国家统一的局面。这是当时一批政治精英以明智、理性、进步、妥协的政治文明引领民族、国家、历史文明的进步成果，也为廿六年后的全面抗战，在民族资本、社会力量的积累上创造了条件，这种和平、民主、协商的政治文明精神，很应当在历史的长河中留下浓墨重彩的一笔。

［附文 5］

《清代盛京城》节录

佟悦

……负责保卫盛京和管理沈阳地方八旗军民事务的是盛京副都统，是正二品的高级武官，也基本是由北京派任的八旗满洲和八旗蒙古人担任。原本设左右翼各一员，后调一员往锦州，盛京城内只设一名副都统。其公署在内治门（小东门）外，抚近门（大东门）外为其长官住处，旧称副都统府，有"都统胡同"的地名。

（《清代盛京城》，佟悦著，辽宁民族出版社，2009 年 4 月出版）

中华民国大总统令：任命承荫承袭辅国公。后由承藻续袭

中华民国大总统令原件

中华民国大总统令手抄件

第十三代承袭辅国公承荫，民国七年（1918）九月十七日子时生，德裕第二子广泰嫡妻喜塔腊氏恒宝琳（伍侠）所生第一子。宝琳系光绪十五年（1889）恩科举人恒孚的长女。承荫由祖父德裕主持，过继给广寿为嗣，承袭奉恩辅国公，经中华民国大总统令给予确认。民国十一年（1922）五月夭折，夭折时年仅五岁。

再袭承藻，民国十一年（1922）六月十三日未时，广泰嫡妻喜塔腊氏恒宝琳（伍侠）生，民国十一年（1922）七月由祖父德裕再次决议并由宗人府立案，民国政府备案，立为广寿继子，承袭辅国公，由喜塔腊氏亲自抚育至七岁后继承。

1931年9月18日，日军在奉天发动九一八事变，侵略东北三省，张学良所率国内装备最精良、最完整的二十七个混成旅、五个骑兵旅，还有炮兵部队、空军，军力达25万人以上，空谈抗日爱国，竟不做起码的抵抗。此前张作霖、张学良父子，在东北抵制中国银行、交通银行纸币，由东三省官银号及由张家控股95%、张学良任董事长的边业银行，印发纸币银圆，作为东北三省的主要流通货币，统称奉票。边业银行纸币，在左侧下方还印有"天良"二字印，以示保证可兑银圆。一度奉票也颇有信用，但在张记东北奉军逃离东北后，奉票价值连日狂跌，下跌幅度达70倍以上。一银圆券，仅能收回一分四五左右，坑害了东北百姓。很多企业、商号、家庭遭此困厄，我家在东北的企业与流动资产，同样难逃此劫，对我家此后的经济生活、教育费用，造成长期伤害。

恒氏在承藻之后育有三男：承艺（是胡适大师亲自培养指导的史学研究人员，曾担任胡适的文稿助手，对清史和时政发表过很多重要的专著，澳大利亚籍，教授）、承涛（工程师，民聘研究员）、承增（美籍），及二女：庄菊（清华大学经济系毕业）、庄梅（美籍）。承藻毕业于北京大学建筑系，学士学位，陆续在北京大学、清华大学、北京林业大学执教，副教授，曾担任园林教研室主任等职务，毕生从事教育和园林设计工作，"文化大革命"中被批斗下放云南下关锻炼，被红卫兵戏以绰号呼之为"皇上"。1993年3月9日卒，清朝刁

遗的有名无实的"辅国公"至此落幕终结。妻金宗懿（北京西城区政协委员）
是我辈的大嫂，她说长嫂比母，对我们弟妹颇多关怀照料，为手足情谊、家族
温馨奠定基础，这也是祖父德裕公早年在家族中一再倡导和期望的。1992 年
故于美国加州，育有四子：柏苓、国苓、垣苓、纪苓（美籍）。

作者的全家福（承藻北京大学入学留念）

前排坐立者：父广泰，母宝琳。中间站立者：小妹庄梅。左一为四弟承增。后
排左二为作者金承涛，左三为长姐庄菊，右三为大哥承藻，右二为二哥承艺，
右一为表兄恒群（德元）

[附　文]

金承艺和他的老师胡适之

孟繁之

十余年来，心中每每不能忘者，一直想写写金承艺先生。并不因为曾

为他编过《清朝帝位之争史事考》，最主要者乃"读其文而想见其为人"，想他以翩翩少年，不过大学二三年级，二十二三岁，竟蒙识天下才无算的陈雪屏、胡适之、王云五诸公青眼，由是在几位主办的重点刊物中任十七位编委之一，之后复为适公所引，为之私人助理，着意栽培。甫至壮年，即"道不行，乘桴浮于海"，远赴澳洲墨尔本，以讲学及清史研究自娱，以至天年。每每想起他，心里都会涌现沈曾植《自寿诗》之三中的那两句来："蓦地黑风吹海去，世间原未有斯人。"

——题记

胡适之先生晚年交往的年轻朋友中，金承艺是比较特别的一位。胡颂平所编《胡适之先生晚年谈话录》1961年1月12日条记：

> 四点三刻光景，先生要胡颂平到他书房里，说："颂平，我有一件事要给你谈。"先生指着书桌上的一张纸，上面写着三个人的姓名，接着说："这三个人都是半月刊里的人。现在半月刊决定停办了，这三个人都要另外安排一个工作，他们公开地跟王云五、陈雪屏说明了。其中一名金承艺想到台大法学院去教书，听说一时还没有成功。他是北大的学生，我帮了他的忙才出来的。我想请他到此地来……如果金承艺肯来的话，可以增加生产了。今天下午五时半，雷太太和金承艺来谈这件事。我想私人出钱，一个月给他一千元，够吗？"胡颂平说："先生到院之后没有用过一个人，为什么不把他安（排）在总办事处里？私人出钱，他不是院里的人员，他的配给也没有的。"先生问："他需要配给吗？"胡颂平说："配给就是柴米油盐。一个人的配给也值二百元光景。"说到这里，交通车开车的钟点到了，先生说："你要走了，明天再谈好了。"

越两日，1月14日（星期六），胡颂平又记曰：

　　早上，先生谈起昨天决定约"金承艺来帮忙，他来了之后，可以督促我工作……"胡颂平又请先生将他安顿在总办事处，使他工作起来也方便得多。先生没有答允，说："我私人出钱，可以不受院里用人章程的约束。他本来要到台大教书，等台大聘他时，或许他要出去的，他可能是临时工作，不必占一个名额。"

　　胡适之先生一生交友遍天下，识才无算，人人皆以"我的朋友/老师胡适之"为荣，但诚如李敖说过的，胡先生也绝不是轻易帮人介绍工作的人，何况将人延揽到自己身边，自己私人出钱。以上胡先生的这些话，足以看出他对金承艺的青眼及赏识。他只是"听说"金承艺想去台大法学院教书而一时没有成功，就积极邀请他来做自己的私人助理，自己出钱，而不愿违背自己回台任中研院院长时"不带自己班底"的初衷。此种情谊，在胡适先生身上虽非第一次展现，但这份青睐与殊荣，在"胡适之的朋友/学生"中，却也是不多见的。

（一）

　　金承艺先生是爱新觉罗皇族，1926年旧历五月生于北平，1996年6月10日在澳洲墨尔本逝世。胡颂平在《胡适之先生年谱长编初稿》（校订本）第十册，1961年1月14日（星期六）条记载胡适先生的话说："金承艺来帮忙，他来了之后，可以督促我工作。我非增加生产不可。他是爱新觉罗，改姓金的。原是顺治直系后裔的大贵族。罗常培也是爱新觉罗改姓罗的。"胡先生此处不免误会，承艺先生他们这一支是安平贝勒杜度的嫡直后人，传到金承艺，已是第十三代。杜度是清太祖努尔哈赤的长孙，广略贝勒褚英的长子，天命、天聪间"四小贝勒"之一，曾为镶白旗旗主。《清史稿·卷二一六·列传三·诸王二》及《清史列传·卷三·宗室王公传三》皆有《杜度传》。杜度殁于崇德七年（1642）六月锦州阵前，年仅四十六岁。他是清入关前建功至伟的几位骁将之一，征多罗特部、征察哈尔、征朝鲜、征明，无役不与；松山之役，重创洪承畴，他是最高指挥者之一，功劳仅在多尔衮之下。雍正元年（1723）诏立多罗安平贝勒杜度碑，称杜度"扬威阃外，夙资克敌之功；宣力师中，允协维诚之义"，又说他"职司夫礼教，因志励乎寅清"。承艺先生的祖父讳德裕，《奉天通志·卷一九三》有《德裕传》，传记中说德裕公于光绪三十一年（1905）任后金龙兴故都辽阳城守尉时，讲求新政，"创八旗学堂、八旗铁工厂、讲演所"，可见是位胸有抱负、思想能跟得上时代的爱新觉罗宗室。

承艺先生的父亲讳广泰，母恒太夫人。其兄弟五人，承荫最长，5 岁早夭，不排行，长成者四人，依次为：承藻、承艺、承涛、承增。2008 年 10 月，承涛先生北来，谓余言，四兄弟幼年虽接受的已是新式教育，但节假日皆附亲戚处私塾，家里对传统学问的训练向来重视。联系《胡适之先生年谱长编》及《胡适之先生晚年谈话录》多处所记胡适之逢人夸赞金承艺书法的话，此当是承艺先生少年时教育优厚的一例证矣。

承艺先生的长兄承藻先生，早年毕业于北京大学建筑系，曾为北京大学建筑系教员，后长期执教清华大学、北京林业大学，是园林建筑界的前辈及知名教授，所主编的《园林建筑设计》，迄今都是他们这一行的入门津逮。写《中国古代建筑史》的杨乃济先生和北京建筑设计院的丁用洪先生，都是金承藻先生在清华建筑系执教时教过的学生，六十余年后回忆起来，都不约而同地说"金先生的投影几何讲得真好"。承藻先生于 1993 年在京逝世，他是 1921 年生人，长二弟承艺 5 岁。他也是四兄弟中唯一继承辅国公爵位的人。他们这一支的爵位承袭，承藻先生是最后一人。

承艺先生于 1945 年考入北京大学政治学系。北京大学档案馆藏《国立北京大学民国三十五年度学生名册》（卷宗编号：MC194611）页 144，即有关于金承艺的一条记录："法学院 政治学系 二年级 金承艺 正式生 临大分校。"政治学系是北京大学校史及学科规划史上最特别且命运最多舛的一个系。1898 年京师大学堂创办之初，即设立仕学馆。1902 年，仕学馆改为政治学门。1905 年又改为法政科政治学门，1913 年又改称法科政治学门。1919 年废科改门为系，方正式定名为政治学系。1937 年 7 月七七事变爆发，学校南迁，政治学系又同清华大学政治学系被改组为长沙临时大学和西南联合大学法商学院政治学系。1946 年，北京大学复员，即承艺先生他们入学时，政治学系方开始隶属于北京大学法学院，同经济学系、法律学系一起，并为北京大学法学院的三个系之一。此后，1952 年院系调整，北京大学政治学系停办，系里教授被抽调组建新成立的北京政法学院（即今日之中国政法大学）。之后，1960 年至 1963 年，北京大学政治学系又恢复存在了 3 年，旋即被并入 1964 年新组建的国际政治系，成为其下设的一个教研室。1978 年后北大恢复政治学教学，但没有师资，即从本校历史系、法律系、中文系、哲学系等毕业班中抽调功课好的学生培训一年，之后于 1982 年重设政治学专业，招生授课。但仅仅数年，1988 年 3 月，政治学专业与新增立的行政管理学专业组建为北京大学政治学与行政管理系，即今日之北京大学政治管理学院。

据北大校史资料，1946 年的法学院是当时北大各学院中学生人数最多的学院，学生人数 834 名，其中政治学系，至 1948 年承艺先生办休学前，凡有201 人。任课教授亦皆一时之选，法学院院长及政治学系主任本为钱端升，然钱先生于 1947 年 10 月受费正清（John King Fairbank）先生之邀出国，任哈佛大学客座教授一年，故法学院院长及政治学系主任暂由周炳琳先生代摄，旋王铁崖先生继任系主任。专任教授凡有七位：钱端升、吴之椿、吴恩裕、许德珩、崔书琴、楼邦彦和张佛泉，助教则有吴惟诚和梁卓生二位先生。课程设置，有钱端升先生的"政治制度""中国政府"，吴之椿先生的"英国宪法史""近代政治思想"，吴恩裕先生的"西洋政治思想史"（吴先生后来以《红楼梦》研究擅声当代），许德珩先生的"社会学""社会制度"，楼邦彦先生的"地方政府""行政法"，崔书琴先生的"国际关系""国际公法"，和张佛泉先生的"英文政治名著选读"。"政治概论"一门课，则由钱端升、吴之椿、吴恩裕、楼邦彦和张佛泉五位教授分任。当时政治学系虽未分组成教研室，但研究方向迥然分明，有政治制度、政治思想、国际公法与外交三个方面，学生可根据自己的兴趣所在，于必修课之外，选修自己感兴趣的课程。此外兼课者尚有张奚若、费青、芮沐、龚祥瑞、戴克光、严景耀、邵循恪等多位，皆为 20 世纪中国政治学及之后学科建设之奠基人物。承艺先生的前后届同学中，亦人才辈出，如赵宝煦教授等。此也是现今追述起，北京大学政治学系最为风健之时。

承艺先生在北大政治系时的学习及生活情况，今天已不得详知。北京大学档案馆藏有他在校时的一份成绩单，从这份成绩单看，承艺先生早年曾在宪法、经济学、社会学、西方政治思想史等学科上下过较大的功夫，进行过较深入的思考。且从此后承艺先生的经历看，他受钱端升先生的影响最深。金承涛先生亦曾对余言，乃兄此时受钱端升先生影响，一度曾对英国宪政萌生兴趣，写过相关论文。承艺先生后来著有《政治思想中的自由思想》（香港文光书店，1958年出版），并"有政论短篇不计其数"（据台北中研院近史所存1961年金承艺自填表格），当得益于他早年在北大时的这番功夫与思考。

北大期间，除钱端升外，承艺先生的师长辈中，对他最有影响的，要数陈雪屏和胡适之。陈雪屏（1901—1999），江苏宜兴人，早年毕业于燕京大学哲学系，美国哥伦比亚大学文学硕士。历任燕京大学教授、系主任，北大训导长等职，之后又任国民党"中央青年部长""教育部政务次长""代部长"。承艺先生入学时，陈雪屏曾于1945年至1946年担任承艺先生他们班的班主任，并授"三民主义"课。之后1949年抵台后，陈雪屏又历任省政府委员兼教育厅长、台湾大学校长，1951年任国民党"中央改造委员会第一组主任""考试院考选部长""行政院秘书长""政务委员"兼"研考会主委"。陈雪屏先生的女婿即是著名的历史学家余英时，余先生曾称赞他这位岳父："国手能安劫后危，十年筹策算全棋。"概可想见雪屏先生之为人。承艺先生一向尊师重道，与雪屏先生往来甚密，亦不时蒙雪屏先生照拂。

同胡适先生的交往，则始于胡先生1946年回国任北大校长之后。1946年7月29日，胡适飞抵北平，就任北京大学校长。在他的主持下，聘任樊际昌为教务长，陈雪屏为训导长，郑天挺为总务长，汤用彤为文学院院长，饶毓泰为理学院院长，周炳琳为法学院院长，马文昭为医学院院长，俞大绂为农学院院长，马大猷为工学院院长。此外还完成了各系主任的聘任，胡适自兼中文系主任。至此，抗战后复员的北大经过傅斯年的整顿和胡适的调整，开始走上正轨。10 月 10 日，在北大第四院召开的开学典礼上，胡适发表演说，对北大师生提出新的希望。当日在下面听演讲的学生中，即有金承艺。此当为金承艺与胡适的第一次见面。据郭存孝《胡适与门人金承艺》中所引金承艺身后遗稿，当日情况，金承艺记云：

> 适之鼎隆声望回北大任校长，同学们极望一瞻校长风采，尤其知道他是最长于讲话的人，更希望能倾听任北大校长后第一次动人的演讲。适之先生这天讲话的内容，主要是鼓励同学们要审慎地思考（慎思），要能明辨是非（明辨），他后则强调南宋《东莱博议》吕祖谦的话——"善未易明，理未易察"这八个字，要求大家重视、体验这句话。在当时的我，是大学一年级已念完，刚要入二年级的学生，以我简单的头脑，以我的年轻无知，对于适之先生的话，根本有"莫名其妙"的感觉，至少我个人当时感到很失望。我想，难道一个享誉国际的学者，就只讲这一点"不知其所云如何"的这种话吗？心中觉得很不舒服。可是也就因为不太了解这句话究竟有什么含意，所以反而把这几个字很深刻地记在心中。

之后随着国共两党政治、军事对抗，形势渐趋紧迫，金承艺方悟到：

> 这时我才体味到适之先生在接掌北大后第一次演讲中，强调"善未易明，理未易察"这句话，是有"深意存焉"了。

承艺先生在红楼北大仅 3 年，1948 年年末即办理休学手续自平赴台。《北京大学休学学生名册（1948 年）》（卷宗号：MC194802）页 5 记有"金承艺"这一名字，云：政四 3234042 金承艺。"3234042"是承艺先生在北大时的学号，他当时是政治学系四年级的学生，二十二岁。今天的人已不大能体会当年他们那一代人的困境，大四的学生，即将毕业，却遇上了战争一触即发、决定去留的关键时刻。当时北平城内外人心惶惶，许多学生来不及办理手续即匆匆离校，而承艺先生是办理过正式离校手续的，可谓是临危而不乱。

（二）

时事渐趋紧张，北平已成围城。1948 年 12 月 15 日下午 4 时，傅作义部队护送胡适到南苑机场，乘国民政府飞机南下，夜 10 时抵达南京明故宫机场。同行的有陈寅恪等人。金承艺离开北平的时间，在此后不久。北京大学档案馆藏《国立北京大学学生休学通知书》：

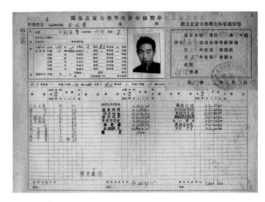

国立北京大学学生休学通知书

兹有本校 法 学院 政治 系 四年级 学生 金承艺 请求休学 业经核准

自 37 年度第 1 学期起

至 37 年度第 2 学期止

此致

政治 学系

第 137 号　　　1949 年 1 月 7 日（「国立北京大学教务处注册部」蓝章）

可知金承艺办理休学的时间为 1949 年 1 月 7 日，本学年结束前。

胡适抵达南京后，12 月 17 日，蒋介石特邀胡适夫妇到官邸共进晚餐，为胡适庆祝 58 岁生日。1949 年 1 月 14 日，胡适赴上海，此时淮海战役已结束，月底解放军进驻北平。

金承艺说："这时是胡适先生精神最痛苦、最晦暗的时代。"从金承艺列身半月刊最早期的十七位编委之一看，他可能最早在上海时，即已参与其中。时年金承艺不过二十二三岁，比聂华苓还要小一岁呢，正是风华正茂的时候。金承艺后来记云：

在上海的这一阶段，适之先生的际遇最难堪，身为一个丢了地盘的空头大学校长，自己的言论不被人欢迎，而且到处受人攻击，心情的沉痛，是可以想见的了。但他仍然不灰心！私下里和一些好友们商量，筹组报刊在上海出版，预备呕心沥血仍以言论救中国，后来上海的局势也不稳定了，遂准备在台湾出版。

从《胡适之先生年谱长编》和《胡适之先生晚年谈话录》里，都能深深感受到金承艺是胡适之先生晚年较看重，寄以殷殷厚望，着意栽培的人。胡适逝世后，胡适纪念馆筹办委员会成立，金承艺先生也是第一个赶来捐献建设基金的人，二人之关系及情谊非同一般。

胡颂平《胡适之先生晚年谈话录》第一处提及"金承艺"这一名字时，除了前引胡先生欲自己出钱请金承艺来帮忙外，胡颂平还记云：

一九六一年一月十二日（星期四）四点三刻光景，先生要胡颂平到他书房里，说："……上回他们请求总统特赦雷震的那封信是成舍我起草的。他们拿来要我签名。我看见那封信的字写得很好。我问是谁写的，他们说是金承艺写的。他的字很好，差不多有你这样好，我想请他来帮忙你。我有许多文件需要早点出版的，由他专门来管我的那些文件，可以早点印出来。"先生转过身来在书架上抽出一本《历代法宝记》。说："这是韩国人金九经刻的……他这部《法宝记》的错误很多，你看，上面都是我批校的文字，需要早日出版。还有一部《坛经》，也是花了我不少工夫，需要出版的。有了一个人专管这些事，都要抄出付印的。这两部共有十多万字。如果金承艺肯来的话，可以增加生产了……"

又一九六一年一月十四日（星期六）条记云：

今天下午，先生拿着《考据学的责任与方法》的录稿，发现有错字，要胡颂平细细校一遍。说："抄写不算什么，最要紧的是不错。一定要费更多的时间来校对，这是需要训练的。金承艺来了之后，也要训练的。如这篇录稿里的'史事'写作'史实'、'考据'写作'考证'，这是通人的错误，最难避免的。有些因为两个字相同跳过一行了，这是最普遍的错误。所以抄了之后，一定要花更多时间来校对。"

《胡适之先生晚年谈话录》同年同月十九日（星期四）亦记云：

下午，金承艺来。先生早已准备好《胡适文存》三集和四集，里面有关神会及《坛经》等佛教经典的文章，都夹上了纸条，交给了他。说："我预备出《神会遗集》，请你先看有关的文章，这是准备的工作。等你准备好了，再给你正式工作。我希望你来增加我的生产。"先生另外送他《神会遗著两种》及《答问杂征义》各一本。又说："你需要什么帮忙的地方，颂平可以帮忙你。"他走后，先生说："不晓得金承艺怎样，可以训练起来吗？"

廿四日记云：

一九六一年一月廿四日（星期二）胡颂平向先生说："昨晚的交通车上，严耕望和我同排坐。我们谈起先生私人出钱请金承艺来帮忙整理有关佛经方面的著作。严耕望说，先生的著作这么多，应该有人来帮同整理，早日把它出版。他强调说，先生的著作都是学术上有重要贡献和影响的；请人来整理，不是先生私人的事情，乃是国家学术上的事情，自己出钱请人来帮忙，未免矫枉过正。我们都觉得先生的训练年轻人，是为国家培植人才的责任。"先生说："严耕望的意思很好。训练一个人是不容易的。像金承艺，他对佛经方面完全不懂的，现在要他来做这件工作，年纪也大了，还不知道训练得好吗？现在还在试试阶段。我过去都是自己工作，从不雇用别人，所以许多信都不曾留稿。现在还只是开端。"

从以上材料，可见胡先生请承艺先生来做自己的私人助理，一方面固然是解决金先生的生计问题，但同时实也隐寓了着意训练栽培的意思，是寄予了殷殷厚望的。

另据"中央研究院"八十年院史编纂委员会所编《追求卓越："中央研究院"八十年》卷一《全院篇》所记，胡适任中研院院长时，"公务人员薪水之低，现在已经难以想象。胡适是最高学术机关的首长，但他的正规薪水加上其他津贴，全部每个月也不过 2000 多元新台币，仅合美金 50 元而已，一般资深研究人员打个七折，也只有 1400 元上下。"（94 页）如是，则胡适是将自己一半的薪酬用来聘请金承艺了。

（三）

金承艺于 1961 年 7 月入职中研院近史所，任助理研究员。郭廷以《郭量宇先生日记残稿》1961 年 7 月关涉金承艺处，分别记云：

〔七月十八日（六月初六）星期二〕探胡适之先生病，已大愈，精神甚好。胡先生提及金承艺君事，余表示欢迎其参加近史所工作。

〔七月十八日（六月初六）星期二〕上午为王聿均、刘凤瀚说明汪崇屏谈话记录应行注意及补正之处。历时一小时。继又主持出版基金会会议。会后到胡适之先生处，商金承艺事。

〔七月二十二（六月初十）星期六〕与胡适之先生商定聘金承艺为近史所助理研究员。

〔七月二十五日（六月十三）星期二〕复福特基金会鲍大可君函。聘金承艺、贾廷诗为近史所助理研究员及助理员。调整近史所办公室。下午出席师大聘任会议。

由以上记录可见金承艺之入中研院近史所，出自胡适的着力推荐。要知最初朱家骅任命郭廷以筹办近史所，胡适是反对者之一，胡适同郭廷以的关系并不密切，且涉微妙。《胡适日记》1955 年 3 月 26 日条记：

写一封信给朱骝先院长，凡四页。其中关于新设近代史研究所一事，我写了几百字，指出此事所以引起谈话会的建议，实因中研院筹办近代史研究所而不能得史语所同人的支持与合作，是最不幸的事。此信很不好写，写了恰好李济之来辞行，我请他看了才发出。济之说："先生若不说，谁肯说？"

此即同年 3 月 19 日至 20 日在纽约召开的北美"中央研究院"院士第一次谈话会后，围绕任命郭廷以建立近代史所筹备处所引发的争议及胡适的态度。日记所言致朱家骅的信，全文如下：

关于新设研究所三所，同人研究之余，分作三层建议，或可供诸兄参考。此三所之中，近代史所一个问题似曾引起台港两地最多的注意。我们也曾与济之兄及劳、全、董三位细谈，似史语所同人多数不满意于筹备员的人选，又虑到不经评议会决议，外间反对更易有所借口，故同人的建议【五（三）】，用意实系要为诸兄解除或减轻反对，要为诸兄建议一个缓冲的办法，使大家可得一个从容考虑的机会。（《自由人》上的批评及本院答复，我也看见了。）我与济之及史语所有关诸人所最顾虑的一点是筹备近代史研究所而不能取得史语所多数工作者的支持与合作，那是最不幸的事。故此次我们关于此一事的建议，用意上是要请骝公与彦兄借此机会，多征求史语所同人的质直意见，免得将来发生更大的困难。此意想能蒙诸兄谅解。

胡适于 1957 年 7 月 20 日致赵元任信亦谓：

"中研院"新设的"中国近代史研究所"的筹备处主任郭廷以，最好能够出来走走。但我不知道他的学历。《大陆杂志》上曾发表他的几篇文字。

虽均是诚恳之词，对事不对人，但均可想见胡适对郭廷以的隔膜及不了解。而胡适回来执掌中研院，更被近史所普遍看作不妙的兆头。如李国祁《忆量宇师》即谓：

此时近史所的外在形势已与过去大不相同。一方面打开了与美国大学合作之门，华盛顿大学合作计划之后，进一步与哈佛大学、哥伦比亚大学东亚研究所展开合作，日后并在费正清（John K. Fairbank）的大力支持下，取得美国福特基金会的长期资助。故就国外的情况言，近史所声誉日隆，远景宏大。当然因此引起岛内反对人士的忌妒与眼红。而岛内的情况亦产生若干不利于郭师的变化，那就是在一个星期六下午，老蒋"总统"突然亲访"中央研究院"，研究院因事先未获通知，无任何准备与接洽，令他颇为震怒。朱家骅因而去职，改由胡适之先生接掌"中央研究院"。胡先生是北大的领袖人物，于是觊觎近史所者在胡先生身边进谗，量宇师原来与胡适之先生渊源即不深，而今则关系大坏。日后竟发生郭师被迫上辞呈之事。

胡颂平所编《胡适之先生年谱长编初稿》1959 年 10 月 29 日、30 日分别记云：

〔一九五九年十月二十九日（星期四）〕上午，郭廷以有辞职的信，托胡颂平当面给先生。先生问郭廷以辞职的真实原因，胡颂平照实在的原因说了。先生说："我还是要留他。我过去是不认识的，后来看他写的《太平天国的立法制度》，我知道他是很用功的；尤其是他在这个场合中那样忍耐的修养，只有他才可以撑得下去。"

〔一九五九年十月三十日（星期五）〕今天有给郭廷以的信：

量宇兄：

前天久谈，使我得了解你的困难，也使我向你陈述我这一年来对你的认识，所以我很感谢，也很高兴。昨天颂平兄交给我的信，我仍请他代我送还给你。颂平昨夜和你长谈的话大致转告我了。

敬祝

双安。

弟胡适敬上

四八年十月卅日

谈话的结果，郭对胡说："好，我听你的话。"把辞函收回去了。

结合郭廷以 1961 年底、1962 年初的再次辞职风波，揆诸当日学界派系之分野及之间人情，胡适向郭廷以推荐金承艺的胜算实不算大，但竟至成功，且效率如此之高，当是胡、郭两位先生都出之于公，而郭廷以引进人才不拘一格所致。

李国祁曾评价他的老师说：

郭师用人门户之见并不深，在研究工作方面，除了他的学生外，亦用了不少他校他系毕业生。在助理员这个阶层中即是师大与台大的毕业生。也许是受人情之累的影响吧，其中有一些并非是可造的研究之才。上一层的研究人员中，情况似乎更为严重，盖地位高不作研究翻云覆雨的影响亦愈大。行政事务人员方面，量宇师最初所接受的，都是中研院总办事处所推荐的，似乎爱钱胜于做事。我当时心中常怀疑，郭师是否真能指挥得动。就行政处理而言，量宇师虽过去做过中央大学训导长、教育部边疆教育司长等职，但不可否认的仍有过去中国人的旧习，公私不够分明。这是他日后为人所诟病，亦是因此而被迫离开近史所的原因之一。

王萍女士在 2003 年 8 月 18 日接受沈怀玉访谈时亦曾说：

　　他不仅只是对自己的徒弟，无论是台大、师大或其他学校毕业的，他都当作自己的学生看待，不分彼此。虽然我不敢称呼他老师，但在我心目中他已经是我研究上、学术讨论会上的老师了……魏廷朝当年是晚上在单身宿舍被抓走的……其他例如王世流、金承艺等，都深受白色恐怖之害，也让近史所流失不少优秀的人才。所以回想起来，郭先生的胆子还真大，像是金承艺，人家不敢用的，他都敢用；还有吕士朋，他被关出监狱后，郭所长还是让他到近史所工作。

　　而在此之前，胡适亦曾向史语所所长李济推荐过金承艺，但没有成功。王尔敏《交友当交金承艺》云：

　　我与承艺相识很晚，是在 1961 年间。他因结束《自由中国》编辑工作，而暂到"中央研究院"，基本上他想进入历史语言研究所从事清史研究，但凭院长胡适的引介，也不能成功，倒是顺利地受到郭廷以所长的邀聘，进入近代史研究所，职位与我相同，做助理研究员……承艺治学，专攻清史，并无意于近代史，以其北大出身传统背景，他是极想归于北大一系傅斯年旗下之史语所，不知何故，凭胡适院长推介，亦未能成功。他不得已承郭廷以所长之招，而进入近代史所。

承艺先生入近史所后，一方面参与所里的安排，确定研究方向，并参与郭廷以安排的具体工作；同时，亦不时到胡适处帮忙，接受着意的训练。其在近史所的状况，郭廷以日记尝记如下：

〔一九六一年十月二十八日（九月十九），星期六〕……又夷务始末分类目录由金承艺整理，准备出版。

〔一九六一年十一月十日（十月初三），星期五〕复福特基金会函已由胡适之先生签字发出。邀王萍、王聿均、李毓澍、金承艺、吕实强、李念萱诸君商五年计划准备事项（咨询会章则，第一年预算，发布新闻）。王世流君闻已被判刑，决由近史所同人设法济其家用。

〔一九六一年十一月十四日（十月初七），星期二〕近史所讨论会，金承艺君讲同治帝建储问题。

〔一九六一年十一月十六日（十月初九），星期四〕商讨福特补助计划有关章则，由王萍、李毓澍、金承艺等起草。

〔一九六一年十二月二十三日（十一月十六），星期六〕与王聿君、金承艺、王尔敏、李念萱商讨专题研究大纲……

从以上材料看，金承艺当日在近史所，亦蒙郭廷以看重，委以重任。近史所讨论会上，金承艺所讲"同治帝建储问题"，当即是他后来《关于同治帝遗诏立载澍为帝一事的辨正》一文的雏形。而每两周一次的讨论会，被当日的同人认为是近史所自成立以后的一大特色，如王萍即谓：

近史所两个礼拜召开一次的学术讨论会，是创所以来持之以恒的传统。讨论会中个人所发表的文章，经过同人之间的交叉讨论甚至批评，把毛病都挑出来了，修正后再发表，大家受益很多。当时在讨论会上同人们互相评论之外，最后一定是郭先生作结论。他的结论之精彩，简直让每个人佩服得五体投地。无论是军事、社会或边疆等问题，他没有不知道的，而且为我们所做的评论或结论，几乎是一针见血，令人茅塞顿开，让我们对每一种题目都有不同的收获。

相信金承艺也曾受到郭廷以的评介及提点吧。金承艺自近史所辞职抵澳洲后，亦不时有信给郭廷以，如郭氏日记1964年9月8日记云："金承艺自澳洲来信，告近况，工作亦勤。"同年12月7日复记："金承艺来信，颇多赞美之词，并寄文稿。"从郭氏日记中的所记看，金承艺当对郭廷以有一种感恩及倚为长者在焉。

（四）

据中研院近史所档案，金承艺于1962年6月离台到墨尔本大学东方学院任教，亦系由胡适生前所荐。在所工作一年，旋即办理离职手续，做远方之客。

墨尔本大学东方学院的前身是1952年成立的东方语言学院（School of Oriental Languages），最初规模很小，只有中文专业，首任讲座教授是来自瑞典的毕汉思（Hans H. A. Bielenstein）。毕氏为瑞典汉学家高本汉（B. Karlgren）的高足，所著 *The Restoration of the Han Dynasty*（Stockholm, 1953–79）四卷，饮誉学林。但毕氏1960年即因转聘哥伦比亚大学而去职，接替者为我们今天中国人所熟悉的马悦然（N. G. D. Malmqvist）。

马悦然教授也是高本汉教授的高足，虽是瑞典人，但专长中国语言，对四川方言的研究尤有成绩，在中国古代音韵及经籍方面也有很深的造诣。马悦然先生当时亦兼任中文系系主任，有延揽人才的权力。而高本汉、毕汉思、马悦然，皆为与胡先生有很好交谊的朋友，金先生当时在港台虽颇有名气，但几无学术地位，这中间必有胡先生的极力推荐。

这一年，东方学院出了一名毕业生，后来享得大名，此即现在美国汉学界执牛耳之史景迁（Jonathan D. Spence）教授。

金承艺远赴澳洲的原因，的确有远走避祸的一面，如李敖 1984 年 2 月 20 日接受记者李宁访问，谈到过去半月刊（《自由中国》半月刊）编委时，即点到了金承艺的名字说：

> 当年的英雄，我们今天看到还剩几个了？我现在只承认一个——胡虚一。他还在作战。其他的像聂华苓跑到美国去了，金承艺跑到澳洲去了，傅正在和稀泥了，夏道平老得不能动了……

李敖的这段话，虽不无自夸，但也可衬见金承艺 20 世纪 50 年代在台湾的影响，及 20 世纪 60 年代初远走澳洲的不得已。

但另一层面，金承艺之所以离开近史所，亦同当时近史所复杂的人事不无关系。金承艺 1961 年进入近史所后，所需面对的人事环境，尽管如王尔敏在《交友当交金承艺》中所言：

> 承艺是名校北京大学出身，备受胡适院长垂爱，也与哲学家殷海光有来往，却从来不作一毫标榜，更不作妄自吹嘘……他的禀赋性格，我最为欣赏，可以说是坦诚开朗，纯真亲和，率性潇洒。

但以他北大出身及经由胡适所荐而来的情况，多少被孤立自是难免的事，更是被所中不少同人目为胡适安插到近史所的一个暗探。王尔敏在《交友当交金承艺》中亦言：

> 承艺是正人君子，到了近代史所，也是认定其治学归宿，丝毫未存有

北大旧门系姿态，立身行事，以近代所为立场，我是十分信任他，并结为好友。近代史所同人，以其到所不久，来去匆匆，好像绝袂而去，原是有人怀疑他独来独往，心不在近代史所。此点我以人格保证，支持承艺的做人高洁正派。

但正话反听，可以想见金承艺彼时在近史所，多少是受到猜忌的。而1961年底、1962年的郭廷以辞职风波，更是将他推到了风口浪尖。

一九六一年十二月三十一日（星期日）郭廷以电话给胡颂平，说他受不了精神上的痛苦，现已决定要摆脱了，托胡颂平先代报告先生，有个准备。先生说："这事是他一手和福特基金会初步接洽的。现在咨询会还没有正式成立，这时候怎么可以摆脱？他也曾对我说过，等这事办妥之后，他要辞职了。这时求去，给外人也不好看。当初量宇和福特基金会初步接洽时，就有人写信去破坏他，真怪，真怪！"

一九六二年元旦（星期一）郭廷以来谈得很久，他已决定辞职了，他很感激先生对他的好意。他说他不离开"中央研究院"，不能替先生解除困难的。他的辞意坚决，留下一封辞职信。先生对他说："你的辞职，我不算数的。"

1962年1月8日，金承艺去看望老师时，顺便谈及他个人的看法。胡颂平《胡适之先生年谱长编初稿》记云：

下午，金承艺带一封信来看先生，说量宇的辞呈是一种姿态，要用辞呈来试探先生支持他的程度，不料颂平率直告诉他。金承艺问："先生可否去一封信慰留？"先生说："慰留信是不能写的。我因为相信他的病体，才有要颂平转达的话；我如再写信慰留，把他看成怎样的人了。现在已交给树人全权处理；如果他们能够代我留住量宇的话，我也十分高兴。"

金承艺致胡适的信原文如下：

适之师：

我上周五已听说郭先生要辞职的事了。郭先生在被吴相湘炮轰后，被姚先生误解后，向您提出辞呈，其实完全是姿态，他想藉此正可以考验您对他究竟支持到何种程度。我听志维兄（吕实强按：王志维先生，胡院长的机要秘书）说您很体谅郭先生苦处，知郭先生亦一有病之人。而颂平先生竟将此意直告郭先生，郭先生岂不大感失望（以为您不支持他），如何能不光火？郭先生不过刚六十岁的人，他绝不会认为自己身体不好，应当休息也……

生承艺鞠躬
一月八日

而是日晚，金承艺亦曾拜见郭廷以，受胡适之命前往相劝。郭廷以日记1962年1月8日条记：

近史所同人来，恳劝勿坚辞，谢之。

午后，杨树人先生又来，谈一小时。晚，金承艺来，亦谈一小时余，均系奉胡适之先生命来相劝，谓胡先生决不放余去。余请其转达胡先生再作考虑，并为致谢。

金承艺致胡适的信，本是体谅老师的内部私房话，但在当时，金承艺此信流播出去后，不免引发近史所诸同人的非议与不满。

（五）

1962 年 2 月 24 日，胡适在南港中研院院区贝冢高地上兴建的两层楼蔡元培馆里主持院士会议，与会的有他的学生辈吴大猷、袁家骝、吴健雄和刘大中等四位院士，选举产生了七位新院士，当天晚上，他又召开了一个有一百多人参加的酒会，欢迎新旧院士。他因为有心脏病，听从医生的叮嘱，本来不想多讲话，但是吴健雄夫妇和吴大猷的在场，令他特别高兴。吴健雄是他中国公学的学生，杨振宁和李政道得到诺贝尔物理奖的定律便是由她做实验证实的。杨振宁和李政道是吴大猷西南联大的学生，吴大猷是饶毓泰的南开大学学生，而饶毓泰又是胡适在中国公学时教过的学生，可以说"四代师生同堂"。胡适高兴之余，原本已经结束致辞，却又起来再次讲话，他一方面强调科学发展必须脚踏实地，不能好高骛远，已有的发展虽然不够，但不应该悲观；另一方面则针对去年文化界对他的批评，表达感慨。表面上他也欢迎批评，认为这些批评正表示台湾有言论自由和思想自由，但实际上则感慨言论自由和思想自由被人滥用了。可能也因此而心情有所压抑，他的身体突然感觉不适，讲话戛然而止。酒会按预定安排正式开始，进行了一个钟头不到，宾客逐渐散去，胡适还在和人谈话，忽然之间便倒地不起，陷入昏迷，从此再也不曾醒来；他回国时开玩笑所说的一句话，居然一语成谶，他就死在了院长的任上。

时金承艺即在胡适身旁，看到老师状况不好，第一个上去扶持，但情况已不好。台湾《新闻天地》曾刊发记者佟达尤的报道说："曾助理胡博士研究工作的近代史研究所研究员金承艺也说'胡先生倒下去，我赶忙上去按他的脉搏，已经停了'"。说明胡适是心脏先停止跳动，人已处于死亡濒临，而后才有自然倒下的动作的。

是日郭廷以日记记云：

〔2 月 24 日（正月二十），星期六〕"中央研究院"举行院士选举会，中午，胡适之先生设宴招待，余与王雪艇先生谈近代史所工作，胡先生亦

参加，并云经半日会议，并无不适之感。午后二时饭毕，余以疲倦，返家休息。四时再去南港，五时胡先生酒会招待，胡先生主席讲话，凌鸿勋、李济、吴大猷继之，历时四十余分钟。胡先生继起讲话，约十分钟，因李济之曾提及最近台湾言论，为中西文化问题对胡先生之批评，胡先生称之为"围剿胡适之"，自谓四十余年来不断受人攻击诋毁，竟不以为意。声调激昂，情绪紧张。六时三十五分会散，不（到）两分钟，砰然倒地，经台大医学院院长魏火曜施行人工呼吸，并施用氧气。七时二十五分医生自台北赶到，诊断后宣布已于十余分钟前逝世！事出意外，在场人士同为震惊！胡先生于去年二月二十五日以来，心脏病连发三次，此次为第四次，在医院治疗四十余日，迄未康复，今日既过分劳碌，说话尤多，心情复太激动，竟致不治！然于胡先生亦可谓死得其所。余守至八时三刻，并参加善后会议后，以体力不支返家，感伤不已！

引发胡适被围攻的原因，即胡适不断批评"中学为体、西学为用"的保守观点；尤其强调西方文明并不单纯只是物质文明，也有其精神文明的一面；批评把中国文明看成唯一精神文明的观点，是自大心理的反映。这些言论引起当时台湾文化保守主义者和情治单位对他的不满和批评，甚至把中国大陆沦陷的责任都算在他一个人的身上，说因他鼓吹"全盘西化"，造成思想真空，让中共乘虚而入。1960 年，胡适应邀到美国大使馆作了二十五分钟的演讲，再次批评当时大谈中国文化是精神文明的观点，之后即引发文化保守主义者如徐复观、胡秋原等人的大肆声讨。徐复观甚至口不择言，批评胡适不懂文学、不懂哲学、不懂史学、不懂科学、不懂佛学；胡秋原则批评胡适搞学术派系，"非胡先生之道不为道，非胡先生之方法不为方法"；甚至有极端保守的"立法委员"，像胡适在北大时的学生廖维藩，在立法院提出对胡适的质询。胡适当日再起发言，即针对此。

胡适逝世后不久，即发生所谓的"停灵风波"，引发近史所诸公的不快。

郭廷以日记 1962 年 3 月 1 日（正月廿五，星期四）记云：

上午为胡适之先生灵柩停放地点及检阅胡先生遗物事，杨树人与李先闻颇有争执，不欢而散。经李先闻、凌纯声及余与李济之相商，停灵处改为胡先生旧居。复以该处窄狭，凌、杨主改用近史所口述史办公室（即会议室），商之于余，勉允之，免再起误会。如胡先生有灵，恐未必以此种措施为是。

与金承艺同一天进近史所的贾廷诗亦回忆说：

一九六二年二月廿四日胡先生逝世，因事出突然，我们都没有心理准备。当时他的遗体暂时放在殡仪馆，公祭之后决定将棺木从殡仪馆移到研究院停灵，等到他的墓修好后再安葬。因为停灵的地方没事先沟通规划，棺木要放哪儿出了问题，好像先是史语所的一位先生放话说，不应移到该所的仓库，应该放在近史所的小房子，这么一讲，大部分的人陆续响应。这栋单独的小房子在胡适官邸的对面，原本是总办事处的会议室，总办事处搬到数理馆后，就把它让给近史所。当时郭先生为争取那栋小房子费了很大的力气，在经济困难的情况下，这个小房子对他来讲是不得了的重要资产。那时郭先生一直想扩充近史所，他认为把小房子让出来后，有可能要不回来。另一方面，郭先生也或许感觉胡先生始终没有把他看成是自己人，他和胡先生这群人关系一直不密切，移灵一事，也是他们做的决定，并没有和他商量。因此听到史语所提议将棺木摆到近史所的小房子，又想到史语所已有三栋大房子，还要打近史所小房子的主意，而且竟然不和他商量，使他在心理上有情绪性的抗拒。

但我想来想去，史语所傅斯年图书馆也不适宜停灵，放到该所仓库也不适当，再不然就是放在胡院长的官邸，除此之外，近史所的那个小房子还是比较适合。但是这件事发生太急促，第二天就要移灵，等于不到一天的时间就要做决定。郭先生迟迟不答应，王聿均为这件事也很着急，最后我打电话给郭先生说："郭先生，这件事情我们没有选择的余地。假使社会大众知道胡先生去世尸骨未寒，竟连棺木放置的地方都成问题，多不好听。他毕竟是学术界的领导者，而且是我们的院长。郭先生，没什么好考虑的，我现在就去找几个人，把我们那个房子空出来，明天让他们移灵进去。"他在电话里半天不讲话，我实在不想这么违背他的想法。我了解那栋小房子对近史所很重要，郭先生为了近史所的发展，确实有好多心酸、困难，他感觉在"中央研究院"老是受压迫，现在某些人甚至还拿胡适的移灵问题来压他，完全不把他看在眼里。但在我看这不是坚持的时候，不然胡先生的棺木能放到哪里去？若是到最后变成报纸上的大新闻，这也不好。这件事就这么做了。之后，郭先生也没再和我提起此事。

当时在近史所负责出版品的魏仲韩亦曾回忆：

一九六二年二月，胡适院长病逝。院方为了方便同人祭奠，要在院内设一灵堂，便选定近史所放置出版品的这栋房子，但并未事先照会本所，便把出版品丢了出去。我第二天上班时，发现工人为了布置灵堂，把我们的书丢得满地。这些书我们当成宝贝，别人却弃之如粪土，我看了只有生气并深感无奈，也深深体会到管理出版品真是一件很困难的差事。

以上，均可以想见当时为停灵事，近史所上下的观感。

经历郭廷以辞职风波及胡适停灵风波，作为胡适晚年比较亲密的学生，金承艺在近史所处境不免尴尬，离开已是早晚的事。

（六）

避居澳洲后的金承艺，教课之余，致力于清史研究，在他虽不无消遣之意，但成绩斐然，声名鹊起。张存武先生曾语这是承艺先生的心史，当为知己之言。

雍正继位问题的研究，是承艺先生清史研究中最成系统的文字，特别是金先生所指出的一些关键问题，如十四阿哥胤禛（禵）是何时受诏回京及其历程？雍正兄弟何以更名？"禛""祯"二字玄机何在？均是启发后来研究者须进一步思考的核心所在。阎崇年亦认为金承艺"对于清史的探索，用功颇勤，独具慧眼，另辟蹊径，卓有成绩"，"有学者的勇气，不循众见，不畏人言，激起康、雍研究的学术波浪，则是留给史坛的主要学术财富"。

而承艺先生的这些研究，清史研究、雍正继位问题研究，无论研究方法、思路视角，都有很深的胡适之的影子。胡适对于承艺先生之影响，主要在两个层面，一是精神理念、思想格局，二是治学方法、研究视角、问题意识。精神理念、思想格局，即二人同为终生的自由主义信奉者，毕生爱国，至死不渝，此点无须赘言。治学方法、研究视角，如金承艺清史研究对于雍正本名、继位问题的探讨，即不无老师"大胆假设，小心求证"思想的影子。如承艺先生《"胤禛"非清世宗本来名讳的探讨》一文，于第三节列"追查世宗名讳的线索"，特为标举在汉城（今首尔）的李朝档案，说：

甲午（1894）中日战前，朝鲜是清代的藩属国；在清代未入关时和入关后的初期，两国间的关系尤为密切。20世纪初叶，日本学者因政治上的优势，首先利用朝鲜史料来研究清代史。直至第二次世界大战以后，朝鲜独立了，所存史料陆续发表了，才公开地为世人应用。朝鲜史料对清代的很多问题，已经发生了补充和更正的作用，在研究上的确有了相当大的贡献。我们现在所注意的清世宗名讳的问题，仅就朝鲜的《同文汇考》和《燕行录选集》的材料来看，在康熙四十年（1701）以后的那段时期中，虽也有圣祖某些皇子动态的记载，然而尚未发现到有关皇四子雍亲王的。可是这并不表示绝对没有关于他的记载，因为还有很多当时曾去北京的朝鲜使臣或人物，他们的《燕行录》《燕行纪事》一类的著述，至今尚未发表。并且，《同文汇考》的"使臣别单"中，记载着当年全城君李混在圣祖宾天后，给朝鲜王的报告里，把"经印成帖"的"十四王宗人府置对之辞"做好誊本呈上。那么，在朝鲜的内阁，或备边司，或是王室某部门积存的档案中，应当仍旧留存着这种关系重大的文件，如果能够寻检出来，问题大概就可以解决了。所以发掘世宗的名讳问题，韩国史料也是我们寄予希望的一部分。

要知 20 世纪中国文史研究界，最早对朝鲜及日本文献中的中国资料予以关注的，即是胡适。1938 年，胡适在苏黎世代表中国学术界参加第八届国际历史科学大会，所宣读论文《新发现的有关中国历史的材料》一文中，即在王国维所讲"五大发现"之外，别举朝鲜、日本文献材料。胡适先生云：

> 晚近三十年来，中国史研究经历了重大的变革，这部分归之于新的批判方法和观点之引入，部分归之于新的重要史料的发现。当陈腐的史学传统受到了一种考辨方法论的挑战与责疑时，新史料的发现正不断地拓展对历史的认知，并据此构建起新的事实。

他把中国新发现的材料，分为六类：河南安阳殷商王朝时的遗存、新发现的青铜器、中古中国时期的敦煌手稿、保存在日本和朝鲜的中国历史的史料、最近向学者开放的中国档案文献、搜求手稿和禁书以及那些被忽视的书。

再如承艺先生所撰诸研究题目、行文逻辑思路，亦均属能独立思考及有问题意识。要知作为一名学者，无论古今，最重要的不仅仅是勤奋、有计划、有条理，最最重要的是能打通文史，融会多门，从多学科多领域多角度思考问题，视野宏阔之下，具备一种问题意识，能够独立思考，不囿于成说，于普通材料中发现别人不易发现的问题。胡适之先生曾说过："读书贵在发现问题，有了问题，就等于把问题解决了一半，那一半只差把答案写出来。"读承艺先生清史研究文字，诚哉斯言。

台北潘寿康所编《治学方法论》，收录了承艺先生的一篇《读罗尔纲〈师门五年记〉有感》。承艺先生在文中说：

那天上午（按：为 1958 年 12 月 17 日，在台北举行的庆祝北京大学校庆和胡适 68 岁生日的会议），在台北的北大同学们凡是去南港"中央研究院"给胡先生祝寿的人，胡先生每人都送一本"我现在自己出钱把这个小册子印出来，不作卖品，只作赠送朋友之用"的小书，这本小书就是罗尔纲先生写的《师门五年记》。我得承认，这本小书使我很受感动。如果这本书，仅只是叙述罗尔纲自己与胡适之先生之间师生相处五年师恩称颂的报道，那我以为它就不会很感动人了。我所以受这本书感动，是因为这本小书中有"从来没有人这样坦白详细描写他做学问的经验"（胡先生在序中的话）。它不单是介绍出一位对学生的态度如煦煦春阳，而对学生求学问的态度却又要求一丝不苟，一点也不能做马虎的先生，并且叙述出一个极难得的虚心、笃实、肯接受教训的学生。做学问，而一点不苟且，永远说实话，这大概在任何时代都是可遇而不可求的事。可是在这本书里，有一个不苟且、说实话的学生，这真不能不使人感动了。

此当为承艺先生有切身感受之言，当最能代表胡适对金承艺的影响，及承艺先生对老师的感情。

承艺先生对胡适的情感，直至暮年，每一思至，犹不能自已。唐振常《在墨尔本的两个大学》文中记载：

望日（按：1983 年 12 月 14 日），墨尔本大学亚洲系宴请。这天上午，热情的黎天天、杨莲妮送我到了这个学系的金承艺先生家里……金承艺先生是清室贵胄，姓爱新觉罗，治清史。他曾在澳洲国立大学任教，我们有一些共同的熟人，见面就有了话题，但我们谈得最多的是胡适，还承他送了我一本胡适晚年自费印刷出版的罗尔纲旧作《师门承教记》。我见他室内悬有溥心畬送他的画和胡适为他写的字，得知他是胡适晚年的弟子，两人关系甚深。我问他是否研究胡适，他说："不，一研究就会动感情。"这和我平素看法相同：文学家不能无情，历史家则不能动情。带着感情去研究，便不能得其真。顾亭林说："一自为尊亲贤讳，便无信史。"我想就是由于传统的道德观念而动了感情的缘故。回忆录和纪念文章不能全当信史，这也是一种原因。金先生不去研究他的恩师胡适，是可取的。

唐氏《所遇胡适门下一人》中亦说：

他个儿高人胖，一副魁伟之相。开口说话，地道的京音。客厅里一幅画，是溥心畬的手迹；一张条幅，是胡适所写，字画上款都写有他的名字。他对我了无生疏之意，自报家门，叙述家世。原来他姓爱新觉罗，是清室贵胄，解放前在北京大学读历史。在台湾，工作于"中央研究院"，是胡适的秘书。谈到胡适，他先是滔滔不绝，继之泪流满面，开口闭口，称恩师不止……拿出几件东西送我，那是两本胡适在台自费印刷的罗尔纲的《师门承教记》，多张胡适逝世后台湾印刷的有胡适题句制版的明信片和书签。

均可想见承艺先生对胡适的尊崇及师恩难忘。

金承艺在墨尔本大学授课期间，闲暇之际，就胡颂平所编《胡适之先生晚年谈话录》，特别是涉及他个人的内容之处，随手加了不少批语，多为有所感而发。今据郭存孝《胡适与门人金承艺》文所引，胪列如下，概见金承艺与胡适之间的师生之情。

1959年4月16日，胡适生病住院期间，读完了四本《基度山恩仇记》，金承艺用红笔批注："我成年后从不觉得《基度山恩仇记》有意思。只觉得是瞎'扯淡'而已。"

　　同年 4 月 29 日，胡适说："陈之藩用英文写的《氢气弹的历史》，文字很美。"对作者是学工程的竟能写出如此佳作，甚为赞许。金承艺则批注："所说之藩的事，多不正确。"

　　1960 年 1 月 4 日，胡适记："钱用和、张邦珍、吴望信等来，他们谈起以后的毛笔要淘汰了。"先生说："我相信下一代会比我们写得高明。"钱用和说："他们会比我们高明，但决不会比老师高明。"金承艺毫不客气地批注："这种'马屁'实在狗屁。"

　　同年 3 月 16 日，胡适说："让每个人都有在他职务以内的权力去处置事情，才能达到无为而治。他们遇到困难行不通的时候，我可以告诉他们：如果你管了一件事，以后别的事也要你来管了。一个人什么事都要管，结果什么事也管不好，这是不足为训的。"金承艺连批："我一直相信适之先生拥有大政治家的才能。"

　　同年 3 月 23 日，胡适曾慷慨地说："一个人到了某一种阶段，没有人肯和他说实话，那是最危险的！"金承艺批曰："适之师岂不亦遇此种情况？"显然这是有所指的。

　　同年 3 月 27 日，胡适说："孟真（傅斯年）是很守旧的，那时穿上大袍褂，拿着大葵扇，来跟自己学习去旧择新的。"金承艺批曰："我看傅孟真一样是'不通'的。"

　　同年 6 月 3 日，胡适说："雷震、夏涛声来，他们要组一个反对党，我劝他们不必组织反对党，而且一定没有结果的，他们不接受劝导，只好由他们去了。"金承艺批曰："何以只记事，无谈话？"

　　同年 6 月 21 日，胡适说："中古时代，从三国末到唐朝的文章，有许多是不通的，因为活的文字已经死了，用死的文字来写活的语言，所以很少能做通的。"金承艺狂言不羁批道："适之师的意见，幼稚可笑！"

　　同年 11 月 19 日，胡适为凌鸿勋的大作《詹天佑先生年谱》作序，写好后交胡颂平先看一遍，说："替人作序是件苦事体，你看行不行？"胡颂平说："先生文章哪有不行的道理？"这本是一件很平常的事，可金承艺看不惯当面奉承，批曰："为什么？"接着又写道："我就不喜欢这种马屁。"看得出他是位耿直豪爽之人。

1961 年 3 月 17 日，胡适对蒋复璁说："书，是要人看的，宁可让人把书看烂了，总比搁置书库里烂了好些。"金承艺极其佩服地批曰："又是一语破的！"

同年 4 月 11 日，胡适感慨地说："一个人的日记，生前是没法发表的，一发表，一定会牵涉到许多人。"金承艺十分赞成，他批说："一点不错。"

同年 5 月 2 日，胡适看到李石曾发表的《谈五月》的文章，此人竟"将自己日记写错了，这都是粗心、大意、苟且的毛病！"金承艺不仅与适之师同感，而且还冲出一股怒气痛骂："李石曾在我眼中，总有'老混蛋'的感觉。"

同日，胡适就美国参议院外交委员会主席反对美国在寮国（老挝）作军事干预，发表高见说："他明白表示愿放寮国给共产党，而不愿以美国军队介入！"金承艺大加讽刺，批曰："适之师 1962 年故去，实是好事，若多活十年，不气死也要伤心死。"

同年 5 月 14 日，胡适对他的特别护士徐秋皎说："娶太太，一定要受过高等教育的；受了高等教育的太太，就是别的方面有缺点，但对子女一定会好好管理教养的。"金承艺看了顿生疑窦，他批曰："先生之言何所指乎？"

同年 5 月 24 日，胡适说："我在美国住了七年，那时看见内地旅行不干净，不敢吃东西。"金承艺写道："同感同感。"

同年 6 月 30 日，胡颂平说只有两个人——丁文江、傅孟真才够得上做胡适秘书，胡适听后大怒，说："瞎说，他们两位的学问比我好，都可当我的老师。"金承艺连呼："我不同意。"

同年 9 月 19 日，对于胡适平时常说的话："任何事我都能容忍，只有愚蠢，我不能容忍。"金承艺连叹："旨哉，斯言也！"

1962 年 1 月 2 日，胡适说："某君写的两万七千多字的长文，我也看了，还是看不懂，他是研究近代史的人，他不知道他该来问我。"胡适认为其注解"轻薄"。对于胡秋原提出的反对将胡适捧为偶像，一切皆要唯命是从，胡适闻之大怒，认为"这成什么话"。金承艺附和恩师之论，狠批："胡秋原是也，我一向厌恶他。"（按：胡秋原是国民党员，1988 年 7 月 12 日回大陆探亲，在北京提出和平统一论，回台湾后即被开除党籍。）

胡颂平于 1948 年 2 月为《胡适之先生晚年谈话录》作"后记"时，赞扬胡适有"见错就改正的求真精神，也无时或衰"。金承艺抱有同感地批道："适之先生确是如此！"

这些批语都是私下之语，最见心曲。读来虽不时令人莞尔，但也更令读者感觉到，金承艺不愧为胡适之的学生，一本老师所倡导的笃实、不苟且。

丁酉十月

改定于北京大学燕东园

【附记】

1947 年澳大利亚计划在堪培拉建立国立大学，内设东方研究专业，希望获得胡适先生的支持，提供建议或接受邀请前往讲学。1948 年 3 月 7 日科普兰（D. B. Copland）致函给郭师，仍询问胡先生澳洲一行是否有可能实现，不知何种原因，胡师终其一生，也未踏足澳大利亚。而其弟子，则蒙老师之介，得在澳洲觅得净土，安享天年。《论语·公冶长》："子曰：'道不行，乘桴浮于海。从我者，其由与？'"金承艺之于适之先生，可谓能善继其愿矣。

杜度三世孙贝子准达及其子普泰

　　多罗安平贝勒杜度三世孙，贝子准达为杜尔祜第八子，康熙六年（1667），封固山贝子。康熙十六年（1677），任宗人府右宗正。康熙十九年（1680），以战功封荡寇将军转左宗正。康熙二十年（1681）十月，因上疏迟缓延误军机，降为镇国公，并解宗人府左宗正职。康熙二十二年（1683）二月，授镶红旗蒙古都统。康熙五十六年（1717）十月，复授宗人府右宗正。康熙六十一年（1722）二月，因病解任。雍正四年（1726）六月三十日薨逝，享年七十四岁。追封贝子，谥温恪，敕立碑记："持躬恪慎，矢志靖共，早贾勇以临戎，继宣猷而议政。承恩弗替，世秩列于上公；效力有年，崇班领夫宗正。"嫡夫人瓜尔佳氏，二等侍卫舒禄之女。妾李氏，护军校李延蟾之女，乾隆十六年（1751）十二月追封为侧夫人。另有妾赵氏等人。共生有三十二子，第一子普德十八岁亡，另二十二人均年龄不足七岁夭折，这可能与连续两代近亲结婚有关，由此造成的后果，仅有六个儿子长大成人，留有后裔。①

　　准达第五子善绶，一等侍卫，官副都统，康熙五十九年（1720）十一月廿八日卒，享年四十四岁，雍正元年（1723）四月追封辅国公品级。②

① 云南纳西族人早在一千多年前就将族规刻于东巴"古祭天场"上，明确禁止与有三代血亲关系的人结合，违者重罚。（纳西族那时仍为女权社会）。

② 据《玉牒》（光绪年横档），康熙时代有一位满洲宗室称善绶，其世系为努尔哈赤—褚英（长子）—杜度（长子）—杜尔祜（长子）—准达（第八子）—善绶（第五子）。按：善绶，固山温恪贝子准达第五子，康熙十六年（1677）七月初十日酉时生，准达滕妾邓氏（邓龙之女）所出，康熙三十七年（1698）十二月授三等侍卫，康熙三十八年（1699）十二月授二等侍卫，康熙三十九年（1700）十月授头等侍卫。康熙四十六年（1707）九月革退头等侍卫，授三等侍卫。康熙四十八年（1709）三月革三等侍卫。康熙五十一年（1721）十月授护军参领，同年十一月授副都统。康熙五十九年（1720）十一月二十八日辰时卒，享年四十四岁。雍正元年（1723）四月授为辅国公爵。嫡妻阿颜觉罗氏（泰齐喇之女），滕妾赵氏（海伦之女）、卢氏（卢二之女）。

第七子永齐，雍正四年（1726）十月承袭辅国公，雍正十一年（1733）四月缘事革爵，授蓝翎侍卫。乾隆十一年（1746）闰三月十五日卒，享年六十三岁。

第十子普泰，雍正六年（1728）由御史擢吏部左侍郎，正黄旗满洲副都统，议政大臣。乾隆元年（1736）七月改任兵部左侍郎。乾隆四年（1739）十二月己卯革。乾隆八年（1743）正月初六卒，享年五十八岁。

第十二子苏尔禅，母嫡夫人瓜尔佳氏，准达所遗世爵由这一支承袭。其兄永齐丢爵，雍正十一年（1733）五月以苏尔禅承袭辅国公。乾隆四年（1739）二月廿九日卒，享年五十三岁，谥曰简恪。嫡妻瓜尔佳氏，吴巴理之女，妾朴氏等。公爵传至嘉庆十年（1805）后，未再见传袭。

苏尔禅的第四代传袭镇国将军联森于光绪十八年（1892）四月廿日卒，享年五十岁。由他的第三子继符承袭镇国将军至民国时止。继符生于同治六年（1867）正月初三，光绪三十年（1904）五月授复州城守尉。

贝子准达的墓地在北京羊坊店，其后裔主支墓地在北京市房山区北正村卧虎山脚下的黄圆井村北，原占地200余亩，1923年金继符将坟地周围余地、树木、砖石卖给本村，大致各佃各留。坟地上只留了驮龙碑和大宝顶，重新砌了两道墙，全部占地3亩。1928年《房山县志·卷三》"陵墓"栏记有"清继贝勒墓于黄圆井村"。1958年大宝顶平毁，旧址栽种一些槐、椿、杏树。[①]

原任镇国公追封固山贝子谥温恪准达碑文

朕惟国家谊重亲贤，道弘敦睦，荷丝纶之褒锡，宜琬琰之垂光。凡以眷懿，亲酬茂绩，典至渥也。尔准达，持躬恪慎，矢志靖共，早贾勇以临戎，继宣猷而议政。承恩弗替，世秩列于上公；效力有年，崇班领夫宗

---

① 参见冯其利《京郊清墓探寻——宗室觉罗墓》，北京市档案馆编《北京档案史料》2001年第4期，315—372页。2000年11月在北京万寿宾馆内发现贝子准达的驮龙碑，碑体文字完好，存有照片。为何在此立碑？它与黄圆井村墓是什么关系？无所说明。

正。前劳可念，显爵特加，礼备饰终，泽隆下逮。既易名而谕祭，复营葬以勒铭。于戏！青松白石，沛恩宠于重泉；螭碣龙章，志光荣于奕世。尔克有知，其敬承兹休命。

雍正五年岁次丁未六月初八日立

杜度三世孙良将良臣苏努

多罗安平贝勒杜度三世孙苏努，是杜度第六子杜努文独子。顺治二年（1645），杜努文因无战功，只封为辅国公。顺治五年（1648）九月廿七日卒，年仅二十三岁，谥怀悯。康熙三十七年（1698）追封为固山贝子。苏努生于顺治五年（1648），当年即遭父丧，靠诸伯父呵护成长（这可能是造就他能力强、文武才干好的原因）。顺治十四年（1657）袭封镇国公（比父爵高了一级）。康熙十二年（1673）五月任宗人府左宗人，曾任宗室族谱《玉牒》主纂官。

苏努于康熙十六年（1677）三月任镶红旗蒙古都统，康熙十八年（1679）正月调任镶红旗满洲都统，连续掌任至康熙六十一年（1722）十二月，长达四十四年之久，是清史中唯一在同一重要职司上连续任职最久的都统，由此可见康熙帝对他信赖之深。康熙三十六年（1697）七月晋固山贝子。康熙三十七年（1698）四月署理奉天将军至康熙四十六年（1707）尾。①康熙四十七年（1708）九月康熙帝第一次废太子，"上复遣贝勒延信，贝子苏努，公鄂飞，都统辛泰，护军统领图尔海、陈泰，并八旗章京十七人，在胤礽府中，更番监守"。仍严谕"疏忽当族诛"。康熙四十七年（1708）十月辞宗人府职。②

① 《四库全书·史部》四二九；《八旗通志》卷310，671—675页。
② 《孟森讲清史》第二章，219页，东方出版社。
【资料一】康熙五十六年（1717）十二月初六辰时，固山贝子苏努，领侍卫内大臣，满汉大学士，八旗满洲、蒙古、汉军都统诸大臣，满汉九卿，詹事，科道共同谨奏……由此可见苏努在朝中的地位。
【资料二】康熙五十六年（1717）十二月初六酉时，皇太后崩于宁寿宫。康熙五十六年（1717）十二月初八戊子，上居苍震门。是日早，固山贝子苏努等及满汉文武大臣、官员因圣体违和，自后求弗往宁寿宫，并弗送梓宫，奉旨："知道了，朕足疾较前稍愈。其谕众知之。"（中国第一历史档案馆《康熙起居注》第三册，2469—2470页）
【资料三】康熙晚年，命苏努六子勒什亨为领侍卫内大臣，并身兼数职。有官员奏报勒什亨信奉基督教，康熙帝轻描淡写地说："这件事早就知道了。"并曾赐郎世宁画给勒什亨。大将军王在西藏奏报里极力举荐苏努第十子舒尔臣，说他在征战中表现出色，康熙再次擢升舒尔臣的官职俸禄。

康熙六十一年（1722）十一月十三日，圣祖玄烨驾崩，皇四子胤禛有笼络苏努之意，即位后当月晋封苏努为多罗贝勒，任命其六子勒什亨为领侍卫内大臣（原为头等侍卫、副都统）。但苏努感念先皇之恩，并未顺势就流。雍正二年（1724）五月降罪，将苏努全家发遣到右卫（今山西右玉县），革去爵位。苏努于雍正二年（1724）十一月十九日死于戍所，终年七十七岁。雍正三年（1725）二月将苏努父子削籍，逐出宗室，子孙黜为庶人。五月，雍正下令将苏努照大逆律，戮尸扬灰。乾隆元年（1736）三月，对苏努及其子孙的皇族宗室身份给予部分恢复，"赏予红带子为记"。苏努后裔自名堂号"延岭刚毅堂"，冠姓吴。苏努嫡妻董鄂氏，参领雅星阿之女。苏努共有十三子长成立户，多数是虔诚的天主教徒。在他们全家惨遭雍正的政治迫害之际，耶稣会士巴多明神父等人曾为他们奔走和暗中救助，并将被迫害的实况作了详录。①

原在北京西直门外大柳树北村（1942年后已为农业研究所用地）建有墓地，俗称红带子坟。占地70亩，外有围墙，内有贝子苏努的衣冠冢，下列四个坟头，分别为四子赫锡恒、七子勒钦、九子福尔臣、十三子穆尔臣之墓，立有乾隆元年（1736）赏红带子谕旨碑，内外植有松柏树。光绪二十六年（1900）义和团因贝子苏努后人仍旧奉教，大开杀戒。苏努后人家中有八人被杀，坟地也遭破坏，谕旨碑被砸毁。断碑由苏努后裔吴元鹤保存。吴元鹤1900年曾任法国军事代表团秘书、翻译。因救助人于1925年4月获法国大十字骑士勋章。法国政府档案中注明吴元鹤为满族。吴元鹤为明了家族历史，与贝勒载涛建立联系。他比载涛长一辈，载涛称其为四叔，给他题过"曲园""有闲居之乐"等条幅。吴元鹤系苏努第七子勒钦这一支脉，清末他家有"炸豆腐吴""灯笼吴"之称。这些信息多由吴元鹤之孙吴厚麟老先生提供，他仍住在北京，2004年6月患半身不遂。②苏努的另一支后裔赵明世居北京西什库。（见附文3）

---

① 西方早期汉学经典译丛，《耶稣会士中国书简集》中卷，大象出版社。
② 冯其利《京郊清墓探寻——宗室觉罗墓》，北京市档案馆编《北京档案史料》，2001年4期，315—372页。

[附文1]

再述苏努一支及其遭遇

赵明　金承涛

　　安平贝勒杜度第六子杜努文，亦名杜伦，生于天命十一年（1625）八月初二。母嫡夫人乌拉那拉氏，布占泰之女。顺治二年（1645）封辅国公，顺治五年（1648）九月二十七日薨，年仅二十三岁，谥曰怀悯，墓葬位于北京城南羊坊店。康熙三十七年（1698）追封贝子，嫡夫人董鄂氏为参领雅星阿之女，育一子苏努。顺治八年（1651），朝廷破例将杜努文的官爵原封不动地赐予苏努承袭。

　　顺治朝初期，幼主福临的叔父和硕睿亲王多尔衮是清朝最有力的开拓者。他在多年的政权斗争中明白太祖长子长孙一家的遭遇及是非曲直，长兄褚英最早与太祖一同开疆拓土，出生入死，功不可没，却蒙冤受屈，被折磨致死；其长子杜度征战沙场，屡建战功，忍辱负重，却屈居贝勒。满人习俗以嫡长子为重，长子长孙更是深受倚重的继承人。杜度一门七个儿子，在顺治朝受封有爵位者五人，说明孝庄皇太后与摄政王对褚英、杜度的肯定和对此支后裔的抚慰，借此促进家族团结并激励其为朝廷效力。

　　苏努生于顺治五年（1648）正月十五，同年九月，其父辅国公杜努文（杜伦）薨逝，苏努未满周岁，即失去父亲的呵护，与母亲相依为命。在诸伯父的养育、教导下，苏努开始了其波澜壮阔的一生，而他的童年时代正是大清朝根基不稳、危机四伏的时期。

　　顺治七年十二月戊子日（1650年12月31日），在关外出猎的摄政王多尔衮逝世于喀喇城。十四岁的顺治帝福临开始亲政。亲政之初，重整朝纲是年轻皇帝刻不容缓的课题，其中首推剪除多尔衮的亲信余党。顺治八年（1651）闰二月，朝廷授予年仅三岁的"杜伦子苏努为辅国公"。按制年满十五者，始照所定品爵封授，苏努初次受封即已突破常规，实属罕见。原因有二，一是朝廷念及杜努文（杜伦）早逝，不以袭封而按接位论；二是体恤杜度后裔，以示抚慰。

顺治九年（1652）正月，政局稳定后，吏部按照朝廷定例反诘，年未满岁应否授爵？且爵位需递减，才符合定制。顺治帝回复吏部，诏曰："凡封王、贝勒、贝子、公，俱着照得燕京后例行。此等授爵者，皆谭泰（原吏部尚书，顺治八年八月被处死）未经奏明之事。既经授爵，着未满岁以前可食俸，不必给诰命册封，亦不必除名。"（《清世祖章皇帝实录》V62，P486）但一个月后，顺治帝依规行事，诏曰："苏努着食三等镇国将军俸。"如此一改，苏努的年俸由辅国公的四百两降到二百五十两，经济收入下降，使苏努从小养成节俭的生活习惯。顺治十四年（1657）三月，九岁的苏努受到朝廷第二次破例加封，晋升为镇国公。两次非同凡响的破例加封，说明主政者对宗室杜度一支颇有加恩关怀之意。少年苏努聪颖机敏，勤奋好学，谙熟满语，骑射武功俱佳，性格质朴淳厚，此后受到朝廷的青睐。

顺治帝熟悉汉文化，尊孔敬佛，思想开放，行为果敢，他不仅信任汉人官员，也尊重洋教新说。天主教耶稣会士德国人汤若望（1592—1666）在明万历末年来华传教，福临亲政后，汤若望成为座上客，享有很高的礼遇。开明的君主必然带来开明的社会风气，明末清初天主教在东方大国燃起星星之火，与孝庄皇太后和顺治帝开放、包容的格局大有关系，因此教会方面对顺治、康熙二帝极为推崇，这个时期是传教士们最惬意的阶段，非常难得。

汤若望在确定皇帝接班人的决策中，曾向孝庄皇太后和顺治帝建议，选择已出过天花的玄烨继承皇位，给后人留下康熙盛世。顺治十八年（1661）正月玄烨继位，年仅六岁，次年正月（1662年2月）改元康熙。

担纲玉牒馆

清朝建都北京后，对皇族宗室的管理和教育极为重视，特设宗人府管理皇族事务。设宗令一名，由亲王或郡王充任；设左右宗正各一名，可由亲王或贝勒、贝子、镇国公、辅国公担任；宗正之下设左右宗人各一名，由自贝勒至辅国将军品级的宗室出任。

康熙十二年（1673）五月，以镇国公苏努为左宗人。康熙十六年（1677），镇国公苏努担任镶红旗蒙古都统。据《康熙起居注》记载，康熙三十六年（1697）十二月二十日丙寅辰时，上御南苑旧宫。上曰："宗室俱系太祖高皇帝一身所出。唯在镶蓝旗者乃太祖高皇帝之弟裔，且系全旗，并未分裂，习尚甚好，竟无匪类。观其服用既朴且整，步射骑射俱善。"顾谓大学士等曰："苏努兄弟等俱善射，普奇公（杜尔祜之孙）射法甚精。"

尚武好勇是满洲人的传统，几百年不衰，入关后，安逸的生活环境一点一滴地蚕食着骁勇民族的斗志，高瞻远瞩、胸怀大略的康熙帝对满人旗兵保持骑射传统、避免汉化颇为重视，毕竟，八旗兵乃大清帝国之本。康熙帝对太祖弟裔掌控的镶蓝旗评价颇高，表明皇帝居安思危，不丢掉优良的传统。公开称赞苏努、普奇俱善射，由此可以得知康熙帝对其属下了如指掌。

是年，苏努女儿受封之事，促使康熙帝对以往的陈规进行修改，说明统治者对臣子的统治趋于理性，具有一定的历史意义。

据《康熙起居注》记载，康熙三十六年（1697）十一月二十一日丁酉辰时，上在乾清门听政。礼部奏折题：苏努之女拟册封固山格格。上曰：宗室之女若父升则随父封，父降则随父革，似属不合。朕意不以父之升降为女之封革，使为允当，着宗人府会同俱奏。这一规矩的改变对官宦之女不啻是一种恩惠。她们不再因父亲在官场的沉浮或过失而遭株连，得以安心度日，安全感有所提升。连坐制度或者说株连九族是统治阶级泯灭人性的手段，康熙帝对臣子赏罚有度，此举表明他仁厚心怀，以使臣民怀恩忠事。可惜此政在雍正即位后被弃之不顾。

大清朝廷对宗室户口人数极为重视，宗人府对所有宗室族裔生死、继嗣、嫁娶、封爵、授职、升迁、降革、处分等等大事一一记录在案，这个巨型档案被称之为"玉牒"。清廷每隔十年修纂一次玉牒，宗人府专门成立编纂委员会——玉牒馆，组成人员包括宗人府宗令、宗正、满汉大学士、礼部尚书、侍郎、内阁学士等博学高官。正副总裁官由皇帝钦点，总校官由时任宗人府府丞照例充任，提调以下官员由宗人府堂官选派，不属于宗人府的官员则由各衙门咨送。

康熙十八年（1679）四月，朝廷决定纂修玉牒，命镇国公苏努为总裁官，辅国公富尔泰，大学士勤德洪、杜立德，礼部尚书吴正治，内阁学士葛尔图，侍郎额星格为副总裁官。苏努等人不负圣望，经缜密查证、细致编辑，圆满地完成了纂修任务。康熙十九年（1680）三月，宗人府、内阁、礼部等官恭进玉牒。"上御中和殿受之，总裁纂修官行礼"。紫禁城前廷三大殿是皇帝举行重大国事之所在，如登基、大婚、殿试、国宴等才有隆重的礼仪和排场；而后廷的乾清门是皇帝平日听政的地方，显然在中和殿让苏努恭呈新的玉牒是一种隆重仪式和殊荣，证明皇帝非常重视玉牒的纂修和对这项工作的肯定。作为总裁官，苏努与诸大臣、学士和各级官员通力合作，如期完成纷繁复杂，具有高度政治性、保密性的全体皇族宗室的谱书，表现出高超的协调组织能力和过人的才干，受到康熙帝的赞赏，为他今后在皇族、宗室与宫廷政务中立足奠定了良好的基础。

据《清实录》记载，康熙十九年（1680）四月，以纂修玉牒告成，"赐总裁官镇国公、都统苏努等，及纂修侍读学士达岱等银币有差"。康熙二十七年（1688）二月，清廷决定再修玉牒，"命宗人府左宗人镇国公苏努等为总裁官"。苏努再受重托，驾轻就熟，圆满地完成了圣命。

三征噶尔丹

明朝末期，西北方居住的蒙古分为漠南蒙古、漠北喀尔喀蒙古、漠西厄鲁特蒙古三大部。漠北喀尔喀蒙古内部又分为扎萨克图、土谢图、车臣等三部，漠西厄鲁特蒙古内部又分为准噶尔、和硕特、杜尔伯特、土尔扈特等四部。清军入关前，漠南蒙古就已经归附大清，喀尔喀蒙古和厄鲁特蒙古各部，也与清政府关系密切。准噶尔部是蒙古厄鲁特部的分支，明清之际兴起于巴尔喀什湖以东伊犁河一带。清代初年，准噶尔首领巴图尔珲台吉及其子僧格曾遣使入贡，噶尔丹继位后，依旧向清廷称臣。

康熙十八年（1679）正月，授苏努镶红旗满洲都统，该年噶尔丹得到五世达赖喇嘛授予的"博硕克图汗"称号，上疏要求清廷确认其汗号，并授予敕印。然而噶尔丹并非成吉思汗黄金家族后裔，按照蒙古政制，不可使用可汗称号。理藩院以厄鲁特部属称汗者不得入贡的先例为辞，指斥噶尔丹擅称汗号，但又准许其纳贡。此后数年间，噶尔丹出兵征服了天山南路的叶尔羌汗国，征服吉利吉思（布鲁特）、费尔干纳盆地，击破哈萨克部落，开始称霸中亚。

清初，游牧于漠北的喀尔喀蒙古又分为三大部落，三部首领为"汗"，即扎萨克图汗部、土谢图汗部、车臣汗部，被称为"外喀尔喀"，臣属于大清。

康熙二十六年（1687）底，参加中俄边境谈判的沙俄全权代表戈洛文，在伊尔库茨克专门接见了噶尔丹的代表。阴谋策动噶尔丹叛乱，支持他进攻喀尔喀蒙古。在沙皇俄国的唆使下，噶尔丹终于率兵进攻喀尔喀蒙古。

康熙二十七年（1688），噶尔丹率骑兵自伊犁东进、进攻喀尔喀，并占领该地区。喀尔喀三部首领仓皇率众分路东奔，逃往漠南乌珠穆沁旗一带，向清廷急报，请求保护。是年六月二十二日，皇帝亲谕："噶尔丹追喀尔喀已逾汛界，朕将亲往视师。从征诸王出喜峰口，公苏努等所领之军随朕行。"二十四日，皇帝又谕："噶尔丹已至乌尔会河，军宜早出。"苏努之军二十七日开拔，奔赴战区。七月初二，康熙帝令皇兄和硕裕亲王福全为抚远大将军，出古北口，为左路军；和硕恭亲王常宁为安北大将军，出喜峰口，为右路军；苏努等人参赞军务。为使噶尔丹不致逃逸，待各路大军会合后加以歼灭，七月初九，康熙帝命苏努率兵疾进，如噶尔丹欲逃即行追剿，如彼来迎战，则切勿急行，以待大军，遣使羁縻。[①]

康熙帝亲自率军在后督阵指挥，右路清军先接触到噶尔丹，打了败仗，噶尔丹长驱直入，打到离北京较近的乌兰布通（今内蒙古昭乌达盟克什克腾旗），噶尔丹还派遣使者向清军要求交出他们的仇人。他把上万只骆驼，绑住四脚躺在地上，驼背加上箱子，用湿毡毯裹住，摆成长长的一个"驼城"，噶军就在

---

① 《清实录·卷一四七》V5P622。

那箱垛中间射箭放枪，阻止清军进攻。

康熙帝又命福全反击，七月下旬，苏努部与福全率领的大军会合，直逼乌兰布通，在距噶尔丹军仅三十里处安营扎寨，严阵以待。噶尔丹入侵毛乌素沙漠，极具威胁，这里与京师仅隔一条燕山山脉，京师震动，危及稳定，康熙帝御驾亲征。在冷兵器时代，火炮的出现改变了战争态势，八月初一，福全指挥清军在乌兰布通大战噶军，大炮轰毁噶军用万匹骆驼设置的"驼城"，杀敌无数，噶尔丹一败涂地。次日，噶尔丹遣使至清军帐前声言乞和，实为缓兵之计，以期脱逃。雅克萨之战时，彭春对敌人采取宽大政策，曾放虎归山，造成二次复战。此次福全也重蹈覆辙，竟应允了噶尔丹的请求。福全一面传令各路大军停止攻击，一面又向康熙帝请示。康熙帝听闻，大为震怒，生怕噶尔丹成为漏网之鱼，严令福全即刻乘胜追剿，勿失战机。然而战场形势瞬息万变，噶尔丹利用福全的一时疏忽，趁着清军暂停攻击的瞬间，带着败军星夜逃窜，清军奋力追赶，已失踪迹。

乌兰布通一战沉重地打击了噶尔丹的军队。但福全判断失误，使噶尔丹绝路逢生，清军虽胜犹败，朝廷的心腹大患未除。福全班师回朝，领兵诸大臣皆受到弹劾，无一人幸免。罢免福全议政之权，撤去三佐领之职，苏努等相关者亦被罢议政，降级留任。

噶尔丹逃回漠北，表面上向清政府屈服，但暗地里与沙俄勾结，准备东山再起。

康熙三十年（1691），为了联合蒙古各部，康熙帝决定举行多伦会盟，指定苏努参加会盟，共同商讨联防厄鲁特部，同时内蒙古各部亲王纷纷向康熙帝告发噶尔丹心怀不轨，企图再次挑起战争。康熙三十三年（1694）噶尔丹暗地里派人到漠南蒙古煽动叛乱，并扬言已经向沙俄借到鸟枪兵六万，将大举进攻。康熙三十五年（1696），噶尔丹卷土重来，康熙帝第二次亲征，分三路出击：黑龙江将军萨布素率兵从东路进军；大将费扬古率陕西、甘肃兵从西路进军；康熙帝亲率中路军，苏努随驾从行护卫左右，从独石口出军。三路大军约定时期夹攻。

康熙西征纪念碑

　　康熙帝的中路军率先到达科图，遇到了敌军的前锋，此时清军的东西两路大军还没有到。康熙帝当下决定继续进兵克鲁伦河，并且派遣使者告诉噶尔丹康熙帝亲征的消息。噶尔丹见清军黄旗飘扬，军容整齐，连夜拔营撤退。康熙帝一面追击，一面令大将费扬古在半路截击。噶军在路上奔逃了五天五夜，到了昭莫多（今蒙古国乌兰巴托东南）正好遇到了费扬古的西路军。西路军率先跃马占领山顶的制高点，噶军向山顶进攻，西路军从山顶放箭发枪，双方展开了一场激战。费扬古又派出一支人马在山下袭击噶军辎重，断了噶军的后路，如此前后夹击，噶军伤亡惨重。最后，噶尔丹只带了几十名骑兵逃脱。

　　经过两次大战，噶尔丹集团瓦解，康熙帝命噶尔丹投降，噶尔丹继续顽抗。为了维护边疆的稳定，彻底消除隐患，时隔一年，康熙帝决定第三次剿灭噶尔丹部。康熙三十六年（1697）正月，康熙帝带兵过黄河亲征，命苏努为先锋，率先头部队披荆斩棘，一路向西挺进，直攻噶军，所向披靡，噶尔丹回天乏术，已是穷途末路。此时，噶尔丹原来的根据地伊犁地区已被他的侄子策旺阿拉布坦占据，他身边的亲信也纷纷投降清军。噶尔丹走投无路，万般无奈下只得服毒自尽。平定噶尔丹叛乱之战始告结束，喀尔喀地区重归清朝管辖。

三征噶尔丹意义重大，一是换来边陲的安宁，二是使中国的版图得到扩充，满、蒙诸族带着大片的领土融入大中华，康熙的丰功伟绩彪炳史册。清政府自此重新控制了阿尔泰山以东的漠北蒙古，并给予当地蒙古贵族首领各种封号和官爵。雍正九年（1731），清政府设立乌里雅苏台将军，负责掌管唐努乌梁海和喀尔喀四部及所附厄鲁特、辉特二部军政事务。平叛告捷，康熙帝论功行赏，因镇国公、都统苏努三次参战，战功卓著，晋爵固山贝子。

十年盛京将军路

康熙三十七年（1698）固山贝子苏努奉命署理盛京将军（亦称奉天将军）事务。康熙三十八年（1699）由宗人府左宗人升为左宗正。清军入关后，朝廷以盛京（今沈阳）为留都，先以内大臣一人为留守，顺治三年（1646）改为"昂帮盛京"，康熙四年（1665）又改称"镇守奉天等处将军"，即"奉天将军"。盛京地区驻防的兵力仅次于京畿地区，设盛京将军一人总辖之，下设副都统四人、副都统衔总管一人、城守尉八人、协领十五人、防守尉二人、佐领一百三十一人、骁骑校二百零七人；主要驻防地为盛京、兴京、凤凰城、义州、牛庄、锦州、金州、辽阳、熊岳、复州、宁远、广宁、铁岭、开原。

盛京将军在清代八旗驻防地地位最高，但因朝廷在陪都盛京设各部直属机构互不统属而职权多有交叉，故造成盛京地区事权不一，军政大臣互相推诿，矛盾重重。因疏于管理，官兵懈怠，军务稀松，绿林草莽肆意妄为，欺行霸市，民不聊生。康熙帝甚是焦虑。康熙帝特谕苏努道："盛京事务废弛已久，公绰克托观射时不辨士卒骑射优劣，惟务闲谈。尔至任，勿蹈此辙。又盛京地区习俗颓坏已极，闻兵丁派出差役，不去者有之，去而私回者有之。尔至其地，择其尤者，严处一二人，若辈始知惩创矣。"苏努陛辞上任之际，康熙帝特为照顾。如《康熙起居注》记载，三十七年（1698）四月二十七日辛未辰时，上御乾清门听政。大学士伊桑阿等部院衙门官员面奏：盛京将军公绰克托一职出缺，将贝子苏努补授，拟签呈览。上曰："若苏努长留盛京，则伊护卫官员将皆随往，家口必致边移。着苏努前赴，加意整理数年，令回京师。"伊桑阿奏曰："盛京事务今已废弛，将苏努简授将军，俟诸事务综理二三年后，复请撤回。"上曰："苏努令暂理将军事务，俾精勤振制，此行不必携带家属，其随去护卫应减少，俟满二年，该部另请补授。"

从康熙帝的谕旨中，可以看出对苏努的评价，他细致勤勉，精神振奋，有能力有魄力。轻装简行便于工作，免去家属搬移车马劳顿，是相当的恩赐。康熙帝以为只需要三年两载，盛京困局即可打破，然后调苏努回京御前效力。苏努衔命前往盛京，开始履职。

康熙皇帝御驾亲征准噶尔，平定叛乱，全国安定，须奉祀祖陵。不过康熙帝还想借此"巡行塞北、经理军务"。由于此时国泰民安，时间充裕，康熙此次东巡取道蒙古绕道而行。虽说是因为"时值秋禾盛长，若由山海关而行，恐致践踏田亩而取道口外"，实则是为了进一步安抚蒙古各部，部署北方边防。

是年七月二十九日，康熙亲奉皇太后（孝惠章皇后），并率各位皇子及王公大臣等经河北密云、古北口越长城，出口外，经承德直奔蒙古牧区。之后，转东北行，经东蒙古各地察阅，还亲临科尔沁和硕达尔汉巴图鲁亲王满珠习礼墓奠酒。九月初十转向吉林，二十五日抵达。抗俄英雄黑龙江将军萨布素、宁古塔将军沙纳海等奉旨朝见，康熙帝降旨嘉奖"赐以朕亲御蟒袍缨帽"。赞誉诸将保边功勋，部署北方边备。

九月二十九日从吉林南下，十月十三日到达兴京（今辽宁新宾）清永陵行告祭礼。十五日出抚顺，经琉璃河，于十月十六日抵达盛京福陵，行祭礼。并亲临清开国勋臣费英东、额亦都、费扬果墓祭酒举哀。在盛京举行祭祀、宴赏活动四天。十一月十三日返回京师，历时三个半月，此次东巡为历次东巡中路途最远、时间最久的一次。

盛京将军固山贝子苏努及其部属护驾伺候康熙帝一行。《康熙起居注》记载，十月十九日庚申，上驻跸行宫。巳时，上御大清门，宴诸王、蒙古王、台吉等。上进酒，诸乐并作，召管盛京将军事固山贝子苏努、副都统搏定及总管齐蓝布温达进御前，上亲赐酒。又记载，二十日辛酉，上驻跸行宫。上幸盛京城外，率诸皇子射；命善射侍卫射，阅盛京文职大臣、官员等射毕，回行宫。赐管盛京将军事固山贝子苏努御用貂裘、狐裘、天马披挂、貂帽并箭十四支，白金千两。

坐镇盛京后，苏努开始治理整顿，对盛京、辽阳等地那些不恪尽职守的兵丁予以制裁：逐出城、减薪饷、收房屋、屯农务，涉及人员达数千之多，一时颇有怨声。对横行乡里、欺行霸市、寻衅斗殴的刁蛮、凶恶之徒严加惩治，犯科作恶者惶惶不可终日。为此却引起相关势力怀恨，编造谣言，恶意诋毁；甚至朝中有人对他的做法颇多指摘。康熙皇帝却颇有见地地予以肯定。上曰："朕初亲政时，见满洲无有斗殴、持刀杀人之事。以后渐有犯者。及今而此风日甚，可见满洲习俗覆薄矣。即今个中亦有犯此者，必复从前淳厚之俗为善也。先时满洲轻毙其家人，朕以为此风不可长，立为羞辱之罚，自后少息。"

康熙帝此话说明，白山黑水造就了女真人淳朴的习性，斗殴、杀人的恶事很少发生，现已恶风日甚，震慑弹压势在必行。苏努的举措受到了康熙帝的首肯。《康熙起居注》三十九年（1700）四月初三日记载，兵部题奏奉天将军贝子苏努在任二年期满，原缺应行补授。上曰："贝子苏努在彼处居官甚善，着再留一年。"从康熙帝回复兵部的谕旨中，可以看出苏努在履行盛京将军的工作中表现出色，治理有方，卓有成效。"居官甚善"四个字充分证明苏努不负皇帝期望。

奉天一地，积弊日深，积重难返，不能一蹴而就。《康熙起居注》四十一年（1702）十二月十八日记载，兵部又呈盛京将军贝子苏努之任提请补授。上曰："盛京地属紧要，师旅繁多，无一好将军不可。苏努公正严肃，不徇情面，人皆钦服。管辖兵丁甚善，将军以来军旅之事大为整顿。似此者诚为难得，再复留任一年。观现任将军，右卫之费扬古、西安之博济、乌拉之杨福、荆州之蟒吉兵、江宁之鄂落顺，允称良将。"由此可见，康熙帝对苏努赞赏有加，称誉苏努为全国六良将之一。虽然有关苏努的历史资料少之又少，但从康熙帝谕旨的字里行间，仍能找出苏努兢兢业业、一丝不苟、鞠躬尽瘁的为臣之道。《康熙起居注》四十二年（1703）十二月初七日记载："初七，上驻跸浚县行宫。兵部一本补盛京将军贝子苏努员缺。上曰：'苏努在盛京，官兵皆服，如苏努者诚不易得，着再留任一年。'"

然而雍正皇帝亲政后，却颠倒黑白，反其父皇之道而行之。在苏努离任十六年后任意诬蔑。

康熙帝近臣——议政大臣

雍正元年（1723），雍正帝曾在全国范围内收缴销毁档案文件。中国第一历史档案馆内保存有大量康熙朝满文朱批奏折，内有许多"议政大臣苏努等议事折"，以康熙五十四年和五十五年（1715—1716）的为多，分别有十五件及九件奏折。按台湾大学历史研究所涂静盈老师在《苏努家族与天主教信仰之研究》一文中所述，从这些奏折内容可发现其任事的特色：首先，苏努并未以个人名义上奏，与其联名上奏者也在雍正朝与其一同遭难或因而被责，如额伦岱、阿灵阿、嵩祝、查弼纳等人；其次，苏努并未上过逢迎或讨赏的折子，其所奏皆为军政事务，关注焦点为军事、外交、屯田、检举；其三，苏努等人的上奏意见大多为康熙帝所采纳。议政大臣会议是康熙朝满族上层贵族参预处理重大军政要务的制度之一，通过议政大臣们研究、讨论，以奏折的形式呈给康熙帝。从诸多的奏折中不难看出，苏努作为领衔的议政大臣，多次主持议政会议。

苏努部分奏折深为康熙帝所赞赏，如康熙四十九年（1710）三月十三日的《议政大臣苏努等奏请准七世达赖喇嘛呼毕勒罕坐床并颁给敕印折》尤其重要，体现了清政府对西藏的主权管理，也显示了苏努对西藏的政治稳定所发挥的政务智慧。康熙五十四年（1715）七月十九日的《议政大臣苏努等奏请总兵路振声驻兵折》，上奏在征讨准噶尔的策旺阿拉布坦（1663—1727）时，总兵官路振声如何驻兵一事，得到康熙帝相当的认同："哈密滋事，总兵路振声速至救援。此等调遣，皆为得当，甚为可嘉，不负朕之重用，允称良吏。着写明此旨，与此事一并发去。馀依议。"康熙五十五年（1716）四月二十五日的《议政大臣苏努等奏请派官兵驻特斯河折》中，苏努等人上奏负责边界哨所、堆子的人事问题，康熙帝朱批曰："哨堆甚为紧要，虽材技优长欲效力于人，其效力之处不一样。因此，若非谙练行走、熟谙地方者，则不可也。着将此缮文发去。"而七月三十日的《议政大臣苏努等奏报席柱延误军情案情折》，苏努等人更以其卓越的军事能力，探查得知征伐策旺阿拉布坦的将军如何延误军情一案，康熙帝闻奏，迅速下旨处理此事："着兵部、三法司会同将席柱贪污案一一严加查明，定罪具奏。"从以上例子皆可看出苏努处理政务的务实精神，以及康熙帝对其之信任。

苏努长年担任宗人府左宗正，故康熙帝在处理宗室事务时常会征求苏努的意见。例如康熙五十四年（1715）九月二十五日，康熙帝下旨："宗室佛格呈布尔塞之父满丕，依仗索额图行事。虽满丕当日诌奉索额图如奴仆，然所行是实。其时谁不诌奉索额图？不独满丕也。此事原不明白。今所议甚糊涂。将此事并和奏折，俱交予苏努，着伊持去，会同该部详审具奏。"康熙五十六年（1717）七月二十五日，大学士马齐等遵旨以顺承郡王诺罗布之子济兰泰、席保承袭爵位问题，问贝子苏努、领侍卫内大臣侯巴浑德、左都御史徐元梦等。苏努云："济兰泰、席保为人俱老实。"苏努等又云："袭爵事关紧要，伏候上裁。缮折呈览，并以原疏复请。"上曰："王之二子俱在此乎？"马齐奏曰："次子侍卫在此，长子在京。"上曰："将伊长子传来，一并引见具奏。"可见康熙帝不止一次采纳苏努的意见。

苏努亦对康熙帝多次表达关心之意。特别是在康熙晚年，据《康熙起居注》记载，康熙五十六年（1717）十二月初六，"固山贝子苏努，领侍卫内大臣，满、汉大学士，八旗满洲、蒙古、汉军诸大臣，满、汉九卿，詹士（事），科、道，共同谨奏，为大孝之尊养已隆，圣躬之调护尤急，伏乞皇上深抑圣情，俯衷古制。如皇太后有不虞之事，命诸王子悉心经纪。凡跪拜行走，一切劳力礼节，圣躬切未可身亲，万分保摄，仰承宗社之重，上以慰皇太后之心，下以惬朝野臣民之望。臣等不胜迫切恳款，惶悚之至。为此谨奏。"十二月初八日，固山贝子苏努等及满汉文武大臣官员，因圣体违和，自后求弗往宁寿宫，并弗送梓宫，缮折交与奏事六品官双全等转奏。奉旨："知道了。朕足疾较前稍愈，其谕众知之。此后诸大臣不必请安。"十二月二十六日，固山贝子苏努、满汉文武大臣官员谨奏："自大行皇太后违豫之日，我皇上昼夜忧劳……伏祈皇上即回乾清宫静摄调养，以慰普天下臣民之望。"

苏努诸子亦多立有战功。康熙五十七年（1718年），准噶尔部（策旺阿拉布坦）进攻西藏，康熙任命十四子胤禵为抚远大将军王，征讨准噶尔。苏努第十子镇国将军舒尔臣授命随佐大将军王参赞军务。平叛后大将军王于康熙五十九年（1720年）向父皇奏报战况，盛赞舒尔臣的功绩。

苏努第四子正黄旗满洲副都统赫锡恒在此次平叛大军中，被任命担任第二路军统领，率军进驻甘州（今甘肃张掖）形成合围之势。抚远大将军王允禵亲率第三路军驻扎西宁。终将叛乱平定，康熙帝谕令立碑彰记其功。

上述资料表明，终康熙一朝，苏努始终受到康熙帝的信任，担任军政要职。至康熙朝晚期，苏努在朝廷中仍有着较为重要的地位和影响力。

【附录】

康熙四十九年（1710）三月十三日，苏努奏请速封达赖喇嘛奏折影印件及全篇译文

议政大臣、固山贝子兼都统、臣苏努等恭奏，为请旨事。

臣等共同会议得，据派往西藏侍郎赫寿等奏称，拉藏汗不仅畏惧皇主天威，并且极其感戴皇上隆恩，故亦

极为款待奴才等，尚对我等称，我要奏请速封达赖喇嘛。我等言称，皇上敕令达赖喇嘛坐床，达赖喇嘛年少，尚未学习经法，观察几年再封者，系主上尊崇重视黄教之意。拉藏汗称，土伯特人悖乱，圣上一日不封达赖喇嘛，众人之议论猜疑一日不休。如若从速册封，慑于皇上威严，即便有人心存不满议论，亦未敢滋事等语。观拉藏汗之情形，唯有尽速册封达赖喇嘛，彼方能安心。据探听达赖喇嘛消息，人品敦厚，钻研经法，并无恶习。再据班禅呼图克图称，因照其所请令达赖喇嘛坐床，并返还巴尔喀木地方贡赋，众皆大为欣慰等语。班禅呼图克图奏书内称，确认达赖喇嘛，照前奏令达赖喇嘛坐床，并转念我等土伯特寺庙喇嘛等，将喀木地方仍前给还，感恩等语。拉藏汗奏书内称，虽经圣上洞鉴，将达赖喇嘛照班禅、拉穆吹忠所验，仍如前世坐床，暂停册印，嗣后再封，然教亦产生于皇仁，如今若不尽早册封此达赖喇嘛，颁给册印名号，此时人们猜疑者众，虔笃者寡，其间变故，难以逆料。不满之人，此间蓄意谋乱，须从实鉴别，方使佛教早一日得以振兴，生灵早一日得以安帖。大皇帝册封后，于勤习经法亦善，相应清现即册封，则大有益处。等因。甘丹、色拉、哲蚌三寺众僧奏称，此六世达赖喇嘛，若蒙文殊大皇帝加以册封，则于此处佛教振兴，众生安乐，甚有裨益。请照先前颁降纶音之例，将来此学习及做善事等处，格外颁旨恩准施行。请大皇帝不弃仁爱，永予垂鉴。等语。

查得，去年议政大臣会议奏称，据班禅奏书内称，五世达赖喇嘛呼毕勒罕之情由，经在三宝佛前祈祷验实，确认此为是，故而令其坐床者，实于教众有利，谨请仁者之尊颁旨垂鉴。等因。奏请。此喀木地方呼毕勒罕坐达赖喇嘛床，昭、甘丹、哲蚌等各寺众僧，为大皇帝讽经。□□□（原档残缺）极为重要，彼等皆赖巴尔喀木地方差赋为生，相应仍前收取差赋。达赖喇嘛名号至关重要，此呼毕勒罕年轻，经法操守尚不成熟，相应暂免照五世达赖喇嘛之例册封，观察数年再行确定。确认册封后，再设立□□（原档残缺）之处。等因。奏入，奉旨：依议。钦此。钦遵在案。臣等窃思，皇上统驭众生，不分内外，一视同仁。先前第巴假借达赖喇嘛之名，独揽西藏事务，多行不义，土伯特人众生计尽失，为圣明洞鉴，轸念土伯特众生困苦，给予巴尔喀木地方差赋，各寺及土伯特众生，均得仰承圣上再生之恩。兹班禅额尔德尼、拉藏汗及甘丹、色拉、哲蚌寺众僧皆感戴皇恩，奏请速封此达赖喇嘛呼毕勒罕，且侍郎赫寿等亦奏称此达赖喇嘛呼毕勒罕人品敦厚，勤勉经典，无所恶习。相应即将此达赖喇嘛呼毕勒罕封为达赖喇嘛，所颁册印、敕谕，免另派大臣官员赍送，交现来拉藏汗使臣达克巴齐桑等赍往即可。俟起抵达，侍郎赫寿等祗接封赏。所颁册印，由各该部照先前颁给五世达赖喇嘛册印之例浇铸给付。册封达赖喇嘛之处，颁敕谕知班禅、拉藏汗、青海王台吉等。所颁敕谕，由内阁撰写，恭呈御览，交班禅、拉藏汗之使臣格勒可仲内、达克巴齐桑赍往。颁给青海之敕谕，派笔帖式一员送交侍读学十二郎保，由二郎保前去交付王扎什巴图尔等。

又查得，先前拉藏汗派使臣达瓦齐桑奏称，尚且倘准与拉藏汗一同办事，可使青海人众不疑，且大有裨益。等因。奏请。仰蒙圣上格外轸念藏地众生，为利禅大众，特派侍郎赫寿等会同拉藏汗办事，并非为得土伯特地方而派。拉藏汗奏称，达瓦齐桑捏称其言具奏，派大臣等来属大有益处，心术不正之人推诿于我，肇致事端，亦难逆料。等因。具奏。是故，拟撤派往西藏大臣及喇嘛，该撤回侍郎赫寿等封赏达赖喇嘛，俟前去绘图喇嘛、官员等抵达时一同返回。

再，先前拉藏汗来文内称，请将益加尊崇振兴甘丹、色拉、哲蚌、扎什伦布等寺，扶持教法之处，降旨勒石为碑，刻以勤勉扶佑黄教，悖旨而行者治罪等语。俟册封达赖喇嘛已毕，请议政大臣等再将立碑事宜议奏。等因。具奏在案。现即已议定册封达赖喇嘛，其立碑之处，拟俟赫寿等抵达再议。

为此谨奏。请旨。

康熙四十九年（1710）三月十三日，议政大臣固山贝子兼都统臣苏努等面奏，奉旨：先前致达赖喇嘛以敕谕，写作致，现免写致，写成降。先前颁给达赖喇嘛之印，写"普通瓦赤喇怛喇达赖喇嘛之印"，现颁此印，写"敕封六世达赖喇嘛之印"。再，立碑之事，先前因令大喇嘛坐达赖喇嘛之位，曾拟立碑禁止。现达赖喇嘛在世，免立石碑。着将此咨文侍郎赫寿等，馀依议。钦此。

【编者质疑】中国第一历史档案馆编《清宫珍藏历世达赖喇嘛档案荟萃》第 42 页，标题为《议政大臣苏努奏请准七世达赖喇嘛呼毕勒罕速封达赖喇嘛坐床并颁给敕印折》中六世达赖喇嘛、七世达赖喇嘛有不一致之处，希望原编译者核实。

苏努满门遭难

康熙六十一年（1722）十一月十三日，圣祖玄烨驾崩，皇四子胤禛临朝。雍正登基之初似有笼络苏努之意，当月晋升苏努为多罗贝勒，任命苏努第六子勒什亨为领侍卫内大臣（原任头等侍卫、副都统）。但苏努感念先皇之恩，加之年老体衰，并未顺势就流依附新贵。可恨这位新皇在皇位、政权尚未稳定之际，即以其阴残、诡诈、多疑的性格和依靠密探私查密报的手段，将不能为其所用和"输忠"的先皇老臣，视为政治对手和"眼中钉，肉中刺"。何况苏努在康熙朝长期主掌或参与军政要务，又两次主持修纂玉牒，对皇室人事及诸皇子的密档内情了如指掌。加之苏努本人既系宗室，又与皇三子、皇九子以及彭春、七十（齐什）、查弼纳等统军要员均有姻亲之谊，时有往来。他在八旗军中、在朝廷里、在宗人府、在康熙身边多年议政，他知道得太多了！这就是他的"原罪"。他周围的人际关系太关键了，阴险歹毒的新君把苏努列为政治旋涡里可畏的被疑惧者，认为打击了苏努，即可震慑大批康熙朝的军政老臣，也斩断了一些皇室成员与统军要员之间的联系。凡雍正计划铲除的人，他自会罗织罪名，无限上纲，正所谓：欲加之罪，何患无辞！

雍正元年（1723）二月，雍正命勒什亨向皇九弟胤禟催缴大额银两，借口其顾念私情，工作不力，将其革职，发往西宁。苏努十二子乌尔臣陪同勒什亨进宫"陛辞"听旨，竟遭雍正无端训斥，给予革职，与勒什亨一同充军西宁。

雍正二年五月十二日（1724 年 7 月 1 日），雍正帝妄定苏努有为其先祖复仇的心思；在七十（齐什）病故前后探视吊唁，系仍念旧日党羽；并指责苏努未能管教好他的六子和十二子等，任其信奉天主教（五月十一日，年羹尧配合主子需要，上奏勒什亨、乌尔臣为教徒）；降旨削苏努官爵，令十日内全家流放至右卫（山西省右玉县，亦名富尔丹）。苏努全家男性三十七人，女眷若干，仆役三百人左右，同日流放。数月后雍正再次下令将这一家子驱逐至远离县城的荒凉的新堡寨，原有财产充公。已经七十七岁高龄、衰老不堪的苏努怎能禁得起这样的打击，临死前将子孙召集至身边，详告他们雍正帝所强加的各款罪状（除信教一事）均为"莫须有"。苏努死于雍正三年十一月十九日（1725 年 1 月 2 日）。苏努全家被迫害的经过及苏努遗言，当时经传教士巴多明等人详细记录，刊入法国人杜赫德编《耶稣会士中国书简集》，使真相得以流传于世。翔实的记录是对雍正之恶的揭露与控诉。

雍正四年（1726）正月，苏努与胤禩、胤禟、吴尔占被革去黄带子，从宗人府除名。三月，上述四人的子孙俱被"撤去黄带，有品之女一并削去品级"。五月，苏努被焚尸扬灰。七月十六日（8 月 13 日）按雍正四年（1726）五月己未谕旨：苏努诸子，不可在一处禁锢，四子赫锡恒至河南开封，七子勒钦至山东济南，九子福尔臣至山西太原，十子舒尔臣至南京，十三子穆尔臣至苏州，长孙库彰阿至浙江杭州。当日均戴锁链上囚车，押送各地。二子禄尔金、三子苏尔金和十一子库尔臣仍留右卫。六子勒什亨、十二子乌尔臣仍在北京，身戴九条锁链关押，由诚亲王胤祉看管。五子辅国公富尔金（卒于康熙四十年）嫡妻乌尔绪尔，其母为和硕礼亲王代善最钟爱的小女儿。苏努蒙难后，雍正加紧迫害苏努家族，对寡母孤儿也不放过，下旨将乌尔绪尔押赴山西右卫流放，并革去其子福盛额佐领衔，交宗人府圈禁。

法国传教士宋君荣记载：

　　大家都很明白，皇帝决心臆造苏努的所谓罪过，以便找借口来惩罚他的后代。而苏努的后代除了是天主教徒而外根本无别的过错。2月8日，嵩祝、唐保住以及旗里的其他官员（苏努亲王曾任该旗都统）将苏努亲王及其子女的府第加上了封印，这些都是在夜间进行的，这个夜晚也和平常一样发生了抢劫。当时在苏努及其子女府内的仆人都被抓了起来，并抄了他们中最富裕者的家，拿走了全部契约和借据。搜查，确切点儿说是洗劫，持续了十天。……苏府管家、庄头和佃户也都损失了数目相当可观的款项。就这样，大清帝国最富有、最有势力的家族之一——苏努家族，霎时间沦入最贫困之中。

　　雍正十年（1732），鄂尔泰经略军务，经右卫（富尔丹）看到苏努遗族的惨况，回京后向朝廷禀报，朝廷下令将流放别处的苏努子孙送回富尔丹。此家族尚存七十二人，分别编入各满洲旗营：长房入正黄、正白旗；二房、八房、九房入镶白、镶红旗；七房入镶蓝旗；四房、六房入镶红、镶蓝旗；五房、十一房、十二房、十三房入镶红、镶黄旗。至各旗营生活，所受监控较松。

　　乾隆帝登基后，恢复苏努及其全部子孙的宗室身份，佩戴红带子，记入《玉牒》。

　　综观苏努的一生，堪称智勇双全，奋发有为。他终生报效大清，功勋卓著，是康熙帝从宗室中选拔出来的良将、良臣、重臣、忠臣；他一生忠实地执行康熙朝施政统军的纲策，在军政两方面，在宗室的组织管理中都称得上是佼佼者；他德才兼备，对亲戚宗族真诚相待，在权势的诱迫下不做投井下石之事，也不顺势就流依附新贵。具有雄才大略的康熙帝，正是在苏努等一批骨干臣工的赞襄下才创建了康熙盛世。

苏努诸子及其亲属关系

1. 皇三子胤祉，嫡福晋董鄂氏系正红旗蒙古都统、勇勤公彭春之女。
2. 苏努九子福尔臣，娶董鄂氏，勇勤公彭春之女。

3. 皇九子胤禟, 娶董鄂氏, 都统七十（齐什）之女。

4. 苏努七子勒钦, 娶董鄂氏, 都统七十（齐什）之女。

5. 正红旗都统七十（齐什）的两个儿子娶苏努的两个女儿为妻。

6. 勇勤公彭春, 弟七十（齐什）, 其父是一等公哲尔本, 曾祖父是何和礼（清太祖将女儿东果公主赐婚给董鄂氏何和礼）。彭春任正红旗满洲副都统、蒙古都统。康熙二十四年（1685）六月, 彭春率兵3000余人, 分水陆两路夹击雅克萨城沙俄侵略军, 敌军败降于雅克萨城。在讨伐噶尔丹的战争中, 彭春也立有大功, 康熙二十九年（1690）, 曾在乌兰布通大败准噶尔军; 康熙三十五年（1696）, 曾在昭莫多截击噶尔丹的退路。七十（齐什）为正红旗都统, 康熙朝重要将领, 曾参加征讨噶尔丹的战役。

7. 辅国公阿布兰, 宗人府右宗正, 镶蓝旗满洲都统, 议政大臣, 系安平贝勒杜度第十子萨弼的孙子, 是苏努的族堂侄。

8. 查弼纳, 兵部侍郎, 两江总督, 是苏努的亲家（查弼纳长子娶苏努十六女）。

所以苏努与皇三子胤祉、皇九子胤禟、勇勤公彭春、都统七十（齐什）、兵部侍郎查弼纳均系姻亲, 互有往来。

【附记】

雍正四年（1726）后, 雍正为求长生和纵欲, 迷信道士张太虚、王定干等人, 由其在圆明园秀清村炼制养生丹药"即济丹"。雍正除自己服用外, 还经常作为笼络大臣的奖赏, 曾赐给鄂尔泰、田文镜、大将军查郎阿、散秩大臣达奈等人服用。雍正在位的十三年里, 他后宫的后、妃、嫔、贵人、常在、答应等由八名增至三十七名, 尤以雍正七年（1729）为甚, 一年间猛增七人。据朝鲜史料《燕行录》记载, "雍正晚年贪图女色, 病入膏肓, 自腰以下不能运用者久矣"。雍正八年（1730）春夏之际, 他重病一场, 更加疯狂地访道求仙、加紧炼丹。根据清宫内务府造办处《活计档》记录的炼丹用料的支出情况, 就可发现其炼丹规模不断扩大。由于身体及精神原因, 在雍正九年（1731）以后，不少政务已由储君代理。

［附文 2］

右卫缅祖祭

赵明（苏努后裔）

大清雍正二年（1724），新皇由于得位暧昧，心存疑惧，对曾在前朝权力中心——康熙帝身边的知情重臣、近侍，施展了多种手段，或加以迫害残杀，或发配至蛮荒的边陲。我的先祖、宗室、满洲镶红旗都统、议政大臣、固山贝子苏努，曾被康熙帝誉为良将良臣，却在雍正初年，突遭横祸。雍正帝借口苏努诸子信奉天主教，而且无耻地捏造了一些其他罪状，不容辩说，竟将七十多岁的病弱的苏努及其子孙（全家男女老幼和仆人共计三百多人）同时发配至山西右卫服刑。右卫曾经是苏努三征噶尔丹时驻军征战的地方，雍正选择右卫作为苏努的服刑地，明显地是为了在精神上折磨他、侮辱他。这是雍正为打压宗室权贵，一手炮制的迫害前朝功勋老臣、宗室要人的大冤案。虽然在乾隆元年（1736）三月，乾隆帝降旨平反，恢复苏努子孙的宗室身份，但在雍正朝官书上并未修正澄清，使后人对历史真相一头雾水。

感恩冥冥上苍，竟有巴多明等传教士于二百九十年前，在信函中客观、忠实、详细地记录了当时苏努全家蒙受的冤屈，以及精神和肉体上所遭受的种种迫害。20世纪后期出版了《耶稣会士书简集》一书，告诉世人雍正帝为满足其权力欲望，泯灭人性，颠倒黑白，丧心病狂地打压旧臣，无所不用其极。看了传教士遗存的书简，查阅了不少相关的历史资料，我深深感到先祖们在雍正时代所遭受的残酷折磨与冤屈之痛！

2014年8月，我决定前往右卫，在祖宗蒙难屈死的地方吊祭先人。右卫地处雁北高原，是古云州长城脚下"杀胡口"所在地，是明清商旅走"西口"

的通道。康熙帝认为"杀胡口"有敌视残杀少数民族的意味，下旨改为"杀虎口"，自此相沿至今。右卫现名右玉县，县府已由右卫镇迁往新址梁家油坊，当年雍正传令不准苏努一族三百余人在镇区服刑居住，指定辛堡寨为看守地。

　　杀虎口一直是北方门户之一，是兵家必争之地，历经刀光剑影，民不聊生，今天的右玉（右卫）则是一番和平景象，当地人夸耀他们这里有三宝——莜面、山药、羊皮袄，但荒凉、贫瘠、单调仍是它的主题。经过苦苦追寻，我们终于找到梦魂萦绕的辛堡子（清朝时名辛堡寨），那个让人伤心痛楚的囚所。村子里没有鸡鸣狗叫和小孩嬉戏，异常安静。经人指点，我们来到一户小院前，隔着铁栅栏门见到一位四十岁左右的妇女（可能是村里管点事情的人），说明我们的来意——想知道些村里的一些老故事、老历史。她把我们领到村角一棵大树下，这是一株古树，树干粗壮，枝叶繁茂。一位精瘦的老汉，叼着烟袋，蹲在树旁，享受着属于他的现世安稳、岁月静好。老汉名叫刘永明，今年73岁，他说听老辈人讲，这里原来是荒坡野地，村东有座小庙供奉龙王爷，十里八乡的人都到这里祈求风调雨顺。自从来了这批服刑的男女老幼好几百口人，辛堡子才从无到有，成为一个村庄。当时还在龙王庙东侧建了个大钟房，大钟有半人多高，上面刻着受刑犯人的名字，老人小时候还经常听到敲钟声，当——当——当——嗡——嗡——嗡的声音很不中听，公社化后钟没了，钟房也塌了。

杀虎口

　　听完老人讲古，我

在村子的四周走了走。村边往来的人很少，一些破旧的房子任由风沙侵蚀。眺望远方，遥想当年，老祖宗苏努父子迎风沙冒雨雪，在三次征讨噶尔丹的战争中，扬鞭纵马奋战沙场，胜利归来意气风发，是何等豪迈。却不料在同一块土地上，曾平定叛乱、安定边陲的功臣，在风烛残年老病缠身之际，竟被雍正流放至此！三百年前的辛堡寨，除了高高的天、空旷的地和漫漫风沙外，缺水少粮，更难觅保暖的屋子，苏努一家三百多人面临的困厄除了饥寒，还有精神上和肉体上的折磨，实难想象祖宗们是怎样挨过来的！非有顽强的斗争精神和生存能力，血脉无以延续！当当的钟声是在为他们呐喊、申诉，是在呼唤正义，还是悲哀的丧钟？妄加之罪与环境的煎熬使七十七岁的老人身心交瘁，雍正三年（1725）农历十一月十九，苏努在塞北的寒风中撒手人寰，含冤而逝！想到这儿我不禁心情沉重，怆然涕下！

幸有耶稣会士在书简中完整地记述了苏努的临终遗言，他对病床前的子孙说："雍正对我的四点指责都是错误的，都没有任何根据。第一点，说我的祖上是他家的敌（仇）人，多么不公正的妄言（臆想）！安平贝勒是我祖父，十七岁就披甲上阵了，为皇帝一家征战一生，四十三岁就因过度劳累病逝。我的父亲也为先皇效力一生，我并没有继承他们的爵（衔）位。皇家的仇（敌）人难道会这样做吗？第二点，说我为他九弟的岳父之死叹息，表现悲伤，这是事实，那是我的亲戚，我的朋友，我们曾经同为八旗军的首领（都统），一起骑马打仗，但是我们并没有合谋反对皇上。第三点，派我的孩子去打仗，皇上对他们恼火发脾气，我没有任何行动，也没有进宫去请罪，恳求皇上开恩。唉！满洲人生来是干什么的？不就是拿武器打仗的吗？如果我稍有一点动作，他还有什么罪名不能给我加上呢！我又该怎么回答他！第四点，说我的孩子们信奉基督教，我没有管教他们，其实我好几次责罚了他们，但是我在基督教教理中没有看到任何违背大道的东西，难道我该对我所钟爱的我认为无辜的孩子们严加惩罚吗？"[①]

---

① 摘自《耶稣会士书简集》第三册 55 页。

令人发指的是苏努入土未及一年，雍正竟然下令"剖棺、焚尸、扬灰"，何其毒也！仰首苍天，我向先祖默默祭告，你们受的冤屈和苦难，业经耶稣会士发文澄清，公之于世，兼有多位学者考证研究了你们的生平功业和不白之冤，是非功过自在人心！对雍正之虚伪、残暴，同样有不少专家以春秋笔法对他做了历史批判！你们的子孙钦敬你们刚正不阿、守护人间正道的不屈精神，再告先祖：时代已更新，你们的子孙正奋发向上，砥砺前行！

呜呼尚飨！

赵明拜祷

金承涛、刘长忠执笔

［附文 3］

我的父祖与故居

赵明（苏努后裔）

家父一生坎坷，生活简朴，以粗茶淡饭自足，唯衣着讲究平整干净，喝茶爱用他的盖碗，左手托碗，右手用盖子拨去漂浮的茶叶，正襟端坐，慢慢品饮，举止中透着自尊。他出生自诗礼簪缨之族，即使风光不再，然而家风犹存。家父是原北平市竞存中学的学生，本打算毕业后入辅仁大学继续深造，不幸遭遇七七事变，社会动荡，家道中落，不得不去驾校学习和做工，为生计奔忙。家父一生酷爱读书，喜爱京戏、集邮，晚年倾心研究中医学，能书写一手漂亮的小楷。

我们家是满八旗，父亲说过我们家祖上是系黄带子的，由于得罪了当朝皇帝，被贬为红带子。祖祖辈辈定居在皇城西安门西什库教堂东夹道，祖宅为老北京传统的四合院格局，分前后两院，在正房和厢房之间建有走廊。宽敞的院落中栽有各种花木，尤其是春夏时节，院中花木香气袭人。由于高祖辈信奉天主教，家父一出生就在隔壁的西什库教堂受洗，领有圣名"若瑟"。宣武门南堂石玉坤老神父（父亲的教导神父）曾告诉我们，1949 年以前，信友大多知道有"北堂赵家"，世代虔诚信奉天主，颇有名气。

石玉坤神父与本文作者赵明及作者的女儿赵安格

由于历代信教，使我家有较多机会接触西洋人和西方文化，辈辈有精通英语和法语的专才，老祖及曾祖父因精通外文和欧美地理，在光绪朝任职于邮传部，后被指派主持创建长辛店邮电局（当时是京师重点局之一）。姑奶奶也能说一口流利的法语，我的大伯、二伯是燕京大学、辅仁大学的优等生，可惜大伯英年早逝，二伯赵天俊 1947 年赴美留学深造，获经济学博士学位，学业和事业均有所成，先后在美国俄亥俄州戴顿大学担任经济系主任及教务长。1979年中美建交之际参加美国经济代表团来华访问，为中美经济、文化交流穿针引线，为中美建交做出突出贡献。家人相隔三十二年后重逢，老辈兄弟姐妹黯然相对，悲从中来，共同到祖坟——羊坊店祭祖，告慰先人。二伯父于 1982年 6 月 20 日过世，当地华人报纸整版刊登其生平介绍，给予高度评价。

　　羊坊店曾安息着我家各代祖先。墓地约 60 亩，周围建有围墙，自祖先杜努文以下，一一安葬于此。（乾隆元年苏努获得平反，恢复宗室身份，以红带子为记，西直门外大柳树建有红带子坟，内有苏努衣冠冢，立有乾隆元年赏红带子谕旨碑，苏努部分子孙也安葬于大柳树。）我的祖母殁于 1936 年，是家族成员中最后一个安葬于羊坊店祖先墓地的。家父自小就跟随大人去羊坊店祭拜。家父曾说，其中有一座特别庞大的墓，坟茔高大，还立有赑屃驮石碑刻，周围老树葱茏。20 世纪 50 年代铁道部盖楼，迫使我家迁坟，家父曾拓印了祖坟上的碑刻，上面记载有安息者的生平名讳。拓片收藏多年，怎奈"文化大革命"狂飙突起，父亲怕这些物件被无限上纲，惹是生非，影响孩子们的前程，悄悄地将其付之一炬。此后，每每提及此事，父亲总是自责难过，唉声叹气！

　　西什库东夹道 13 号院里有棵参天大树，能为我们遮阴挡雨。我小的时候，时常坐在树下听蝉鸣鸟语，小小的庭院盛满我童年的记忆。谁承想，城市改造，无数的四合院被摧毁，不少胡同消失，童年的家已被夷为平地！家父是在无奈中凄然离开的，时代的变迁，多少人无所适从，除了叹息还是叹息！

　　尊老爱幼、互相礼让是我家的老传统，也是老北京人的规矩，旧庭院里的生活虽然清贫，但简单而恬静，又有天主的启示和爱，那小小的庭院依然是我魂牵梦绕的地方！

苏努后裔赵明的父祖照片

后排左一：二祖母。左二：祖母。左三：小姑奶奶。左四：大姑奶奶。中间坐立者：曾祖母、曾祖父赵春福。右三：祖父赵荣启。右二：二爷赵荣桂。右一：大伯父赵天民。前排坐于地上者：赵明的父亲赵天祺（左一），二伯父赵天俊（左二），大姑母（中间），小姑母（右二），小叔父（右一）

杜度四世孙普奇（普琦）、阿布兰及其后继

多罗安平贝勒杜度四世孙、贝勒杜尔祜第五子敦达的第四子普奇（普琦），母嫡夫人瓜尔佳氏，镇国公图赖之女。普奇生于康熙十年（1671）十月廿二日。康熙二十四年（1685）正月封镇国公；康熙三十八年（1699）六月至康熙四十年（1701）十月任正红旗蒙古都统；此后调任镶蓝旗满洲都统，履职至康熙四十六年（1707）；康熙四十七年（1708）十月缘事革退；康熙五十一年（1712）十月复封镇国公。①

康熙五十一年（1712）十月任正红旗护军统领，旋任正红旗满洲都统。同年十一月兼任正白旗满洲都统，履职至康熙五十五年（1716）十月。康熙五十四年（1715）十一月初八缘事革爵拘禁。

雍正元年（1723）六月初九，普奇卒，享年五十三岁。嫡妻瓜尔佳氏，副都统章泰之女；妾戴氏等五人；有子七。葬于太子峪东坡之上四宫门内，有享殿三开间，无碑刻，以普奇立祖，有土宝顶七座。

普奇是康熙非常看中并且信任的人，康熙曾选定普奇入太子宫，辅佐原太子胤礽，所以，原太子实际上是普奇的主子。

多罗安平贝勒杜度的四世孙阿布兰，是杜度第七子（幼子）萨弼的孙子。萨弼生于天聪二年（1628）六月廿七日，母嫡夫人乌拉那拉氏。顺治二年（1645）二月复宗室，封辅国公，因战功于顺治六年（1649）十一月晋封贝子。顺治十二年（1655）二月初五溘逝，年仅二十八岁，谥曰怀愍。有四子。长子巴蕭，顺治十八年（1661）七月承袭镇国公。阿布兰为巴蕭的第三子，康熙二十三年（1684）四月袭辅国公，是宗室中能文之士。康熙五十四年（1715）

---

① 《清史稿·卷一六二》表二，太祖系；及《圣祖实录·卷二五一》；亦同《八旗通志》八旗大臣年表。

十一月向宗人府首告间代堂兄正红旗满洲都统镇国公普奇收"废太子私传攀水密书请托谋求大将军职"一案审实。康熙五十七年（1718）四月接任宗人府右宗人（镇国公额尔图卒，出缺），十月转左宗人。康熙五十八年（1719）十二月任镶蓝旗满洲都统，五十九年（1720）晋镇国公，命议政，为康熙晚年钟信之臣，圣祖为表彰皇十四子战绩功业，在宗人府中敕建碑亭，勒石为碑。翰林院所撰之文，阿布兰以为不佳，另自行改撰。康熙六十一年（1722）十一月升右宗正。雍正元年（1723）六月解任。免镶蓝旗都统，正月改任右翼前锋统领，履职至五月；雍正元年（1723）三月晋多罗贝勒；雍正二年（1724）五月缘事革爵，仍授辅国公；雍正五年（1727）闰三月革爵，命其弟阿法兰子袭辅国公。

萨弼墓原位于北京木樨地南侧，名双贝子坟。另一个为贝子特尔祜（萨弼的三哥）之墓，位于原铁道部通讯处，曾立有驮龙碑，上书"勤慎贝子"，谥号不是"恪僖"。顺治十六年（1659）敕谕建墓，乾隆三十八年（1773）三月初十日立碑。

特尔祜墓西北，五统碑的西侧，有白色围墙，高七尺，长约四十丈，坐西朝东，东侧开红栅栏门，居中为萨弼的大宝鼎，两侧为巴鼐等人的小宝顶。

萨弼后裔主支祖居北京老莱街月台大门，主支后裔赵允溪教授现仍居北京。另一支于民国初年迁往本溪响山子落户的有金博文（小学教师）、金仲文、金叔文（纺织厂工人）三兄弟。金博文的长子金启格1976年从军队转业，任本溪市第二机床厂副厂长。

【附录一】

《圣祖仁皇帝实录·卷二三三》25—26页记载："上命侍卫吴什、畅寿、治仪正存柱传谕曰：近日闻诸阿哥常挞辱诸大臣侍卫，又每寻衅端加苦毒于诸王、贝勒……诸阿哥擅辱大小官员，伤国家大体，此风断不可长……致令臣仆无以自存，是欲分朕威柄，以恣其行事也。"《圣祖仁皇帝实录·卷二三四》第2页记载"……朕思国惟一主，允礽何得将诸王、贝勒、大臣、官员任意凌虐，恣行捶挞耶？如平郡王讷尔素、贝勒海善、公普奇俱被伊殴打，大臣、官员以至兵丁鲜不遭其荼毒。"《圣祖仁皇帝实录·卷二三五》第5页记载，八阿哥贝勒允禩由相面人张明德相面妄说一案，经会审后"上谕曰：贝勒允禩闻张明德如许妄言竟不奏闻，革去贝勒，为闲散宗室。布穆巴（顺承郡王）以所闻情节商之长史阿禄，告直郡王（皇长子允禔）使之奏闻，布穆巴、阿禄俱无罪，着释放。公普奇知情不首，革去公爵为闲散宗室。公赖士（尼堪孙，为普奇堂叔）但令看相无他故，着释放。"上述为康熙四十七年至四十八年（1708—1709）事。

【附录二】

康熙五十四年（1715）十一月，废太子二阿哥允礽趁太医贺孟頫为福晋医病之机，以矾水密修书信一封，由贺转交普奇，嘱托普奇保举二阿哥为大将军一案，经辅国公阿布兰向宗人府首告，康熙下令严查。《圣祖仁皇帝实录·卷二六六》第5页记载，经审实，"得旨，普奇着照前拘禁，贺孟頫着改斩监候"。

【附论】

普奇在诸皇子的倾轧中命运多舛，允禩相面一案本是那个时代常见的迷信之举，一旦经大阿哥允禔密奏，则发展成为政治事件，普奇、八阿哥允禩均被革爵，但康熙五十一年（1712）十月二人均恢复原爵位，而且康熙帝对普奇更信任有加，委以重任，授正红旗、正白旗身兼二职的满洲都统，成为众皇子重视、拉拢的对象，普奇避之唯恐不及，何需奔走？孰料胆大妄为的废太子主动以密书嘱托。普奇深知这个烫手的山芋会招来杀身之祸，但因废太子曾是他的主子，绝不可自己出首，只好请堂兄弟辅国公阿布兰出首，以解困厄。

[附　文]

杜度曾孙阿布兰后裔中一支的延续

赵允溪

从小就听太太（满族对祖母的称呼）讲，我们家姓爱新觉罗，是黄带子，属镶红旗，祖宅在北平月台大门，祖坟在羊坊店。后来知道祖父叫赵俊卿，又叫耆生。我家有家谱，保存在叔叔金松茂家里。金松茂是我的叔伯叔叔，他的父亲正启，是我爷爷的四哥，是我们这支的族长。松茂叔叔家里除了家谱之外，还保存有祖宗牌位。每年去松茂叔叔家拜年，都要给祖宗牌位磕头。但祖宗牌位供的是谁，家里没人告诉我，我也没问过。"文化大革命"期间，松茂叔害怕被批斗，把家谱和祖宗牌位都烧了，但保留了家谱中有关他们家和他熟悉的亲戚的几页记录，所幸这几页中有我爷爷和我父亲及前辈几位祖宗的条目。松茂叔临终前把这几页手抄的家谱交给了我。我父亲和松茂叔其实并不清楚我们家族属于爱新觉罗的哪一支，我父亲去世后我曾问过松茂叔，我们是哪一支的？是何人之后？松茂叔告诉我，我们的祖宗是广略贝勒，他说他记得这是在祖宗牌位上见过的，但广略贝勒是谁，他并不知道。

后来，我到北京图书馆查阅《爱新觉罗宗谱》，我保存的几页家谱残页中的人名（除了家中的女孩外），在《爱新觉罗宗谱》中都查到了，包括我的高祖、曾祖、祖父、父亲以及叔伯叔叔一家。我手中的家谱残页中出现最早的我们这支的祖宗是我的高祖瑞熙（毓字辈），于是我对照北京图书馆的《爱新觉罗宗谱》，把残缺家谱中高祖瑞熙之前的祖宗一一补齐，到那时我才知道我们这支的祖宗广略贝勒就是褚英。这样，我就有了一份从褚英开始一直到我这一代的完整的家谱了。我发现我保存的这几页手抄家谱在每个人名下所记录的内容与北京图书馆中保存的《爱新觉罗宗谱》中的相应内容几乎完全一样，若说有所区别，就是北京图书馆的《爱新觉罗宗谱》中不列家中女孩的信息，而我手中的家谱残页中还列有家中女孩的信息。

褚英的长子安平贝勒杜度有七个儿子，我家是杜度贝勒第七子固山怀愍贝子萨弼之后。

安平贝勒杜度原来是镶白旗旗主，后被皇太极调至镶红旗，失去了镶白旗旗主的地位，我们家族及其后代子孙从此编入了镶红旗。这便是我们隶属于镶红旗的原因。

固山怀愍贝子萨弼，天聪二年（1628）六月二十七日生，母嫡夫人乌拉那拉氏，布占泰贝勒之女。崇德七年（1642）十月，获罪被逐出宗室；顺治二年（1645）二月，以军功复入宗室，封辅国公；顺治六年（1649）十一月，晋封固山贝子；顺治十二年（1655）二月初五日申时溘逝，年仅二十八岁，谥曰怀愍。（见《爱新觉罗宗谱》乙册 2754 页）

萨弼有四个儿子，我们是萨弼贝子的长子镇国公巴萧的后人。奉恩镇国公巴萧，顺治九年（1652）八月初一日生；顺治十八年（1661）七月封镇国公；康熙二十三年（1684）正月二十九日卒，年仅三十三岁。（见《爱新觉罗宗谱》乙册 2754 页）。奉恩镇国公巴萧有六个儿子，我家是其第三子阿布兰之后。

阿布兰，康熙十二年（1673）七月初二生。康熙二十三年（1684）四月袭辅国公。康熙五十七年（1718）四月授宗人府右宗人，本年十月转左宗人。康熙五十八年（1719）十二月授满洲都统。康熙五十九年（1720）六月擢任议政。康熙六十一年（1722）十一月授右宗正。雍正元年（1723）二月封多罗贝勒。雍正二年（1724）五月，缘事革去贝勒，仍授辅国公。雍正五年（1727）闰三月缘事革去公爵。雍正十年壬子（1732）六月十六日卒，享年六十一岁。（见《爱新觉罗宗谱》乙册 2755 页）

阿布兰颇得康熙帝器重，是康熙晚年的近臣，雍正即位之初也曾极力拉拢，封其为贝勒，但正因为他在康熙身边效力，对康熙去世前后九子夺嫡斗争知之甚详，因此有可能对雍正有所妨碍，为雍正所忌惮，遂遭清洗，被革去爵位。阿布兰是我们这一支在清朝官场上最后的辉煌，此后族中不复有在朝中任要职之人。阿布兰有六子，我们是阿布兰第二子福尔善的后人。

辅国温僖福尔善将军，康熙三十二年（1693）四月初九日生，康熙五十年

（1711）十一月封三等辅国将军。乾隆二年（1737）二月被派往盛京居住，承祭三陵。乾隆十年（1745）正月二十八日卒，享年五十三岁，谥曰温僖。嫡妻戴佳氏系都统噶迷图之女。（见《爱新觉罗宗谱》乙册2755页）福尔善有九子，长子告退奉恩将军旭升是我的八世祖。

告退奉恩将军旭升，康熙五十二年（1713）四月二十七日生。康熙五十七年（1718）三月恩诏授为六品官。乾隆三年（1738）三月封奉恩将军。乾隆九年（1744）十二月因病告退。乾隆十七年（1752）六月二十三日卒，年仅四十岁。（见《爱新觉罗宗谱》乙册2755页）告退奉恩将军旭升有七子，长子书伯是我的七世祖。

副护军参领奉恩将军书伯，雍正十年（1732）十一月初七日生。乾隆十年（1745）二月袭奉恩将军。乾隆二十九年（1764）三月授副护军参领。乾隆三十三年（1768）五月因病告退。乾隆四十二年（1777）九月二十五日卒，终年四十六岁。（见《爱新觉罗宗谱》乙册2755页）书伯有八子，郡保是书伯第六子，是我的六世祖。书伯的长子郡德封奉恩将军，第二子郡泰和第四子郡丰封三等侍卫。

郡保，乾隆三十年（1765）九月初九日生。道光廿二年（1842）四月十九日卒，终年七十八岁。（见《爱新觉罗宗谱》乙册2767页）郡保有两子，第二子秀康是我的五世祖。

秀康，乾隆五十七年（1792）八月初十日生。道光二十六年（1846）四月十九日卒，享年五十五岁。秀康有三子，瑞熙是秀康的第三子，是我的高祖。

瑞熙，道光九年（1829）二月二十九日生。光绪三十一年（1905）五月初五日卒，享年七十七岁。（见《爱新觉罗宗谱》乙册2867页"秀康"处，见《爱新觉罗宗谱》乙册2767页"祝英"处）瑞熙有八子，长子丰存是我的曾祖。

曾祖丰存，道光二十九年（1849）五月廿一日生。光绪廿八年（1902）六月初七日卒，终年五十四岁。（见《爱新觉罗宗谱》乙册2767页）曾祖丰存有八子，第七子耆生是我的祖父。

祖父耆生，民国以赵俊卿之名报户口，光绪廿三年（1897）六月廿三日生，嫡母完颜氏。嫡妻关佳氏，汉姓关，名淑惠，秀明之女。（见《爱新觉罗宗谱》乙册 2769 页）

父亲至纯，耆生独子，1923 年正月十三日生，1990 年 8 月 30 日卒，享年67 岁。妻徐詠祯，京剧著名琴师徐兰沅之女。

我祖父兄弟八人，但我只见过八爷爷耆德。其他爷爷，包括我的亲爷爷耆生，我都没有见过。这八位爷爷中只有我爷爷耆生和四爷爷正启有后。正启爷爷有两个儿子，长子早丧，我没有见过；二子松茂，我称二叔，从我小的时候就有联系，一直到二叔故去。松茂叔在族谱中的名字也是松茂，身份证上的名字为金松茂，我一直不解的是，松茂叔家姓金，我们家为何姓赵？松茂叔与我父亲是一爷之孙啊！父亲在世时我没有问过，后来我问松茂叔，他告诉我，这全得怪我爷爷，民国时期报户口时自作主张报了一个赵姓。爷爷为什么这样做，不得而知。后来我接触到一些褚英的后代，虽然老姓都是爱新觉罗，但取汉姓为赵的不在少数，这里面有什么缘故，现在已然搞不清楚了。

在族谱中正启爷爷排行第五，我爷爷耆生排行第七，可是家里让我称正启爷爷为四爷爷，二叔称我祖母为五婶，也就是说在实际生活中，正启爷爷排行老四，我爷爷耆生排行老五，这与族谱排列的次序不同。老人在世时我也没问过，看来，这个疑问无法解决了。我猜想，也许是爷爷辈中有早夭的，虽然排在族谱中，但生活中就不排行了，所以，正启爷爷从族谱中的排行第五，实际升为第四；我爷爷从族谱中的排行第七，实际升为第五。但为什么八爷爷的排行不向前提升，实际生活中和族谱中的排行均为第八，我就无法解释了。

我祖母对我讲，八位爷爷中，只有三爷爷印启做过官，见过皇上。在保存下来的家谱残页中，印启的名字前面写有"族长"二字，正启的名字前面写有"笔帖式"和"学长"两个职务。听正启爷爷的儿子松茂讲，正启爷爷做过族长，所以，松茂叔几次代其父处理过祖坟迁移的事务。这一点我也听祖母、父亲和姑姑讲过。世代为我们家族看坟的是一李姓家族，新中国成立后他们家被定为地主，松茂叔说这是因为他们家一直在侵吞我们家族的坟地作为他们耕种的土地，还谈到李姓家族如何欺负作为本家代表的他（松茂二叔）。

怀愍贝子萨弼这一支定居北京后，所赐府邸在老莱街月台大门。中央音乐学院所在地的北面现在还有一条胡同名为"月台胡同"，就是原萨弼贝子府所在地。现在此处的老房子已经全部拆除，月台胡同名字尚存，但两侧都已是林立的楼房。20世纪80年代，我曾陪父亲游历此地。当时还有平房，路南有一旧式大门，父亲说这就是我们的祖宅所在地。后来我再去，这处旧房已经拆掉了。我祖母对我讲，她和我爷爷结婚时，还住在祖宅里，后来才迁了出来。

与京剧及京剧大师梅兰芳结缘

祖父耆生生前任职于中法大学，喜好京剧，与金仲荪、焦菊隐、金仲仁等人友善。焦菊隐和金仲荪曾先后任中华戏曲专科学校校长，祖父于是将我的父亲赵至纯送至中华戏校金字科就读，学习须生。学校为我的父亲取艺名为赵金年，他在学习期间便深得诸前辈赏识，未毕业就曾与程砚秋先生录制过唱片。出科后在20世纪40年代的津京已经崭露头角，曾与沈金波等人被媒体誉为"四小须生"。我的母亲徐詠祯，是京剧琴师泰斗徐兰沅的二女儿。外祖父平生只做过两个人的琴师，一位是谭鑫培，一位是梅兰芳。外祖父是梅兰芳的姨父，我的外祖母是梅兰芳的亲姨，也就是说梅兰芳是我母亲的表兄。梅夫人福芝芳是旗人，早年福家家境贫寒，也住在月台大门一带。有一次在外祖父家，当时我还是个孩子，正好梅夫人的母亲来访，梅夫人的母亲是位很豪爽的女性，经常着男人服，据说年轻时练过石锁，力气很大，人称"女大爷"。她知道我家的来历，见到我，对我讲起前清旧事，她说："论起来，咱们还算是邻居，可我们家和你们家不同，你们家是黄带子，我们是穷人。"她也提到我的大爷爷，好练武，使一口单刀，人称"单刀小佑"，后来因为杀了人，废了黄带子，捡了条命，这和我祖母讲的是一样的。她讲她所见到的我家在月台大门的府邸并不排场，有点破旧，但很大，后面有的房子年久失修，本家也不住，就有些穷人破墙而入，居住于内。看来清末民初时，我们家族已然衰落了，到我爷爷结婚时，家境不再殷实，婚后就只能分出去单过了。父亲后来嗓子变声失润，在戏校任教，直至退休。

我祖父是启字辈，兄弟八人，但有后的只有我爷爷和正启爷爷两位。下一辈焘字辈中，只有正启爷爷的两个儿子和我父亲三人，正启爷爷的长子早丧无后，次子即松茂叔，有一子，比我大三岁，但在 18 岁时患脑膜炎不幸去世。

本人赵允溪，于 1946 年 4 月 21 日出生，1965 年高中毕业，入北京化工大学就读，1970 年毕业，分配在北京化工机械厂。后来调到北京化工局职工大学任教，讲授高等数学及工程力学等课程，并在北京航空航天大学就读计算机应用专业在职研究生，获硕士学位，调至北京联合大学任教，直至退休。退休前系北京联合大学应用科技学院软件工程系主任，著有多部计算机应用及程序设计的教材。曾长期在教育部考试中心任外聘专家，做计算机机考项目开发、命题及规范化研究。我的专业虽然是理工科，但一直喜好文史艺术，爱好书画，也算是继承了爱新觉罗家族喜爱艺术的禀赋。妻子李萱，在外企做财务总监。

我有一个儿子赵易时，1977 年 6 月 23 日出生。毕业于北京理工大学，后在荷兰代尔夫特理工大学读研究生，获硕士学位，现在比利时巴可公司任仿真和虚拟现实系统产品市场部经理。儿媳李海燕原为长久集团副总裁，长久汽车CEO，后自己创业，任第一车贷（上海锋之行汽车金融信息服务有限公司）董事长，他们夫妻现有一女赵予茴。

我有三位同父异母的弟弟，大弟弟王凯文（姓其母亲的姓），二弟高兰鹤（过继给姑父高扬），三弟金闫骢（因为其他爷爷均取汉姓为金，他认为我们家汉姓也应该为金，于是自己改姓金），三弟有一子金增韬。我们兄弟四人四个姓，这也不失为爱新觉罗家族取汉姓的一则趣闻。

阿布兰的曾孙、我的七世祖书伯的长子郡德（我是七世祖书伯的第六子郡保之后）后裔中的一支，也居住在北京，冯其利先生在其著作中提到过他曾经采访过清品一支，后来失去了联系。最近借助于网络，和这一支的后裔取得了联系。这一支自郡德以下的世系如下：

奉恩将军郡德（载字辈）〔《爱新觉罗宗谱》第 45 册 633（637）（原始页

码 2755—2756 页）〕。

郡德第一子奉恩将军、二等侍卫祝康（溥字辈）〔《爱新觉罗宗谱》第 45 册 633（637）（原始页码 2755—2756 页）〕。

祝康第一子承继子瑞腾（毓字辈）〔《爱新觉罗宗谱》第 45 册 633（637）（原始页码 2755—2756 页）〕。

瑞腾第三子清品（恒字辈）〔《爱新觉罗宗谱》第 45 册 636（640）（原始页码 2758 页）〕。

清品第四子寿廷（启字辈）〔《爱新觉罗宗谱》第 45 册 637（641）（原始页码 2759 页）〕。

寿廷有三子，长子富堃，二子富斌，三子富兴〔《爱新觉罗宗谱》第 45 册 637（641）（原始页码 2759 页）〕。

富堃有两子：赵贵林，赵培林。

赵贵林有一子：赵辉。

赵培林有二子：赵文，赵信博。

富斌有四子：赵春林（已去世），赵锡林，赵钟林，赵雪林。

赵春林有两子：赵拯博（1981 年生人，增字辈），金博敦。

赵锡林有一子：赵承凯。

富兴现居日本，有两子：赵长林，赵进保。下一辈情况不详。

（赵拯博一支早期的世系表由江苏学者潘颖提供，特此感谢！）

另外，杜度的第三子特尔祜的后裔也有在北京居住的，冯其利先生曾采访到当时北京第四医院的恒启泰先生，其先祖是特尔祜贝子的第五子玛尔噶图的后裔，这一支中我和一位恒道全先生有联系。因时间仓促，这几支杜度后裔的情况未能作详细介绍。今后在本书修订时，相信会有更多的关于杜度家族各支系的信息补充进来。

族史研究备览

外公喜塔腊氏
——清国戚、清太祖努尔哈赤舅舅家世

金承涛

满族传统称呼外祖父为姥爷，外祖母叫姥姥。我母亲是兴京永陵（现名辽宁省新宾县永陵镇）一个满族老姓氏——喜塔腊氏后裔。在明代中叶，氏族首领昂武都里巴彦德率领族人迁至长白山一处叫"喜塔腊"的地方定居，遂以"喜塔腊"为姓氏。有清一代这是个不同寻常的氏族，她与爱新觉罗氏很早就建立了联姻关系。兴祖直皇帝福满的福晋（正妻）兴祖直皇后就是昂武都里巴彦德之孙都理吉（都力绩）之女，也就是景祖翼皇帝觉昌安的母后。显祖宣皇帝塔克世这一代，再次与喜塔腊结"秦晋之好"，塔克世迎娶了昂武都里巴彦德第五世孙阿古都督之女额穆齐（厄墨乞）为福晋，谥号显祖宣皇后，由此姻缘诞生了一位扭转历史乾坤、创建了一个伟大帝国的开国皇帝——爱新觉罗·努尔哈赤（努尔哈齐）。

阿古都督有三子，长子达格都督是显祖宣皇后的兄长，即清太祖努尔哈赤的舅舅。达格都督的后裔在清朝具有特殊身份，被尊称为"舅舅子孙"，满语称之为"阿克初"。天聪三年（1629），太宗皇太极在盛京城东二十里的石咀头山为太祖努尔哈赤营建福陵，差遣"舅舅子孙"喜塔腊氏前往守陵。康熙初年，圣祖玄烨赐银两在圣水泉（今沈阳市东陵区满堂乡中水泉村）建喜塔腊氏祠堂，悬挂匾额，供奉列祖列宗神位。圣祖皇帝在御旨中特准"以功臣之制，牛羊礼祭，后代子孙永称国戚"。康熙二十六年（1687），圣祖为加强永陵之防

卫，推行以国戚守陵的长久规制，从福陵调喜塔腊第九世子孙图黑，升为永陵防御。图黑生有九子，他仅携第四子麻色及七、八、九三个小儿子和侄子五格至永陵任所，其他诸子仍留在福陵当差。来永陵后裔枝蔓繁衍，形成穆昆。

雍正元年（1723），朝廷为永陵"舅舅子孙"设兵缺三十二名，其中增添章京品级三员。满十八岁兵可饷二两银饷，并发给随缺地十五日（日为清朝东北地区土地丈量单位，一日约为6亩），光绪朝增加为八十八名。每逢皇帝前来永陵祭祖，恩准"舅舅子孙"前往行宫接驾，受皇帝召见和宴赏。嘉庆二十三年（1818），仁宗皇帝东巡礼成之后，恩赐国戚年过七旬者一律赏给七品顶戴，封为"文林郎"，乃正七品文官品阶；其妻封为"安人"，为六品命妇封号。文林郎品阶与知县相同。光绪二十三年（1897），由永陵喜塔腊氏第十七辈光绪十五年（1889）己丑恩科举人恒孚、第十八辈同治元年（1862）壬戌恩科举人花翎候选知府宝春，与族人确定氏族新的二十辈排序，以五字句将辈次排定为："宝德毓英魁，永成盛世书。隆文多富贵，福寿庆丰馀。"

清末民初，满族人多数改以单字为姓，永陵喜塔腊氏后裔主要以图、恒、祁、祝为姓。民国十四年（1925）《兴京县志·卷十·人物部》第42页对我的姥爷（外祖父）恒孚有所记载：恒孚，字致中，满号举人，为人慎重寡言，持躬严，与人厚，一介不苟取，主地方公款数年，两袖清风，涓滴归公，人以清流目之。

恒孚全家福

左一：太姥爷（外曾祖父）依惠，蓝顶熊岳城守尉，怀抱大舅恒松贞。左二：太姥姥（外曾祖母），诰封四品刘太恭人。右二：俄国外交官贵妇，怀抱家母宝琳。右一：姥爷（外祖父）恒孚。后排右一：姥姥（外祖母）。后排左一：姨姥姥（外祖父恒孚的妹妹）

喜塔腊氏世系图

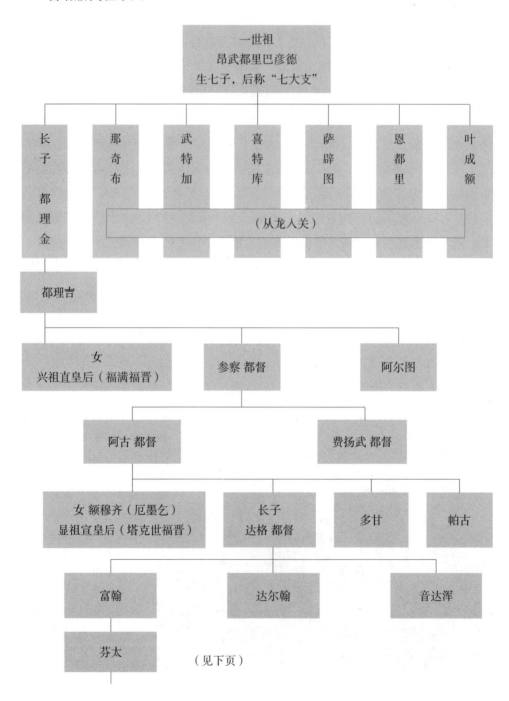

一世祖
昂武都里巴彦德
生七子，后称"七大支"

长子
都理金

那奇布

武特加

喜特库

萨辟图

恩都里

叶成额

（从龙入关）

都理吉

女
兴祖直皇后（福满福晋）

参察 都督

阿尔图

阿古 都督

费扬武 都督

女 额穆齐（厄墨乞）
显祖宣皇后（塔克世福晋）

长子
达格 都督

多甘

帕古

富翰

达尔翰

音达浑

芬太

（见下页）

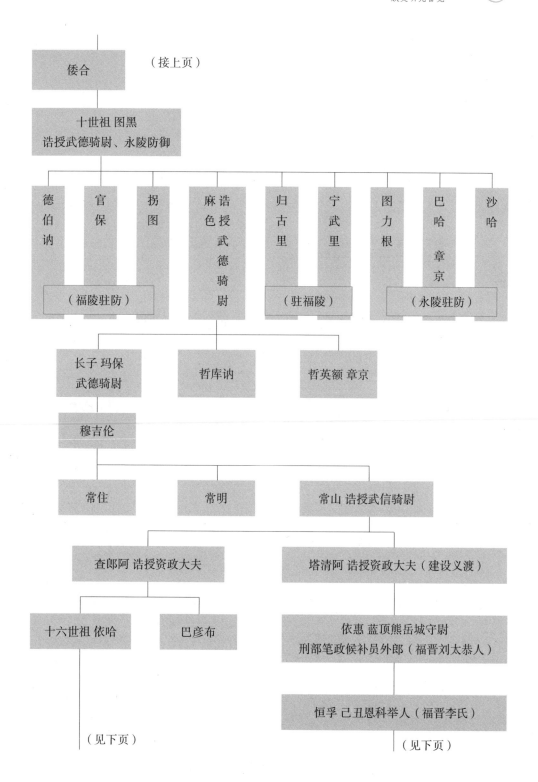

倭合　　　（接上页）

十世祖 图黑
诰授武德骑尉、永陵防御

德伯讷　　官保　　拐图　　麻色 诰授武德骑尉　　归古里　　宁武里　　图力根　　巴哈章京　　沙哈

（福陵驻防）　　（驻福陵）　　（永陵驻防）

长子 玛保
武德骑尉　　哲库讷　　哲英额 章京

穆吉伦

常住　　常明　　常山 诰授武信骑尉

查郎阿 诰授资政大夫　　塔清阿 诰授资政大夫（建设义渡）

十六世祖 依哈　　巴彦布　　依惠 蓝顶熊岳城守尉
刑部笔政候补员外郎（福晋刘太恭人）

恒孚 己丑恩科举人（福晋李氏）

（见下页）　　　　（见下页）

（接上页） （接上页）

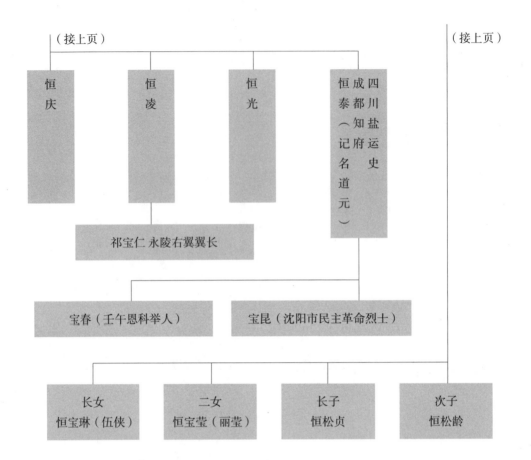

恒庆

恒凌

恒光

恒泰（记名道元） 成都知府 四川盐运史

祁宝仁 永陵右翼翼长

宝春（壬午恩科举人）

宝昆（沈阳市民主革命烈士）

长女 恒宝琳（伍侠）

二女 恒宝莹（丽莹）

长子 恒松贞

次子 恒松龄

杜度部分后裔的府邸、墓葬及碑文

《东北各官署》档案记载安平贝勒府地册

据《东北各官署》档案记载，安平贝勒府地册立于光绪三十三年（1907）七月一日（此文载于李林、侯锦邦等四人著《本溪县满族史》，辽宁民族出版社，1988 年 7 月出版）。

本文记述安平贝勒杜度的封地在本溪，现在的地名为本溪市溪湖区石桥子乡响山子村。杜度王庄主要坐落在牛心台、卧龙、石桥子、响山子一带。共计田亩二千三百二十一亩一分，其余租地共十三日。该档案并说明光绪二十八年（1902）由杜尔祜的十一世孙广寿承袭辅国公。

【附记】

光绪三十一年（1905），辅国公府族长德裕大人考虑辽宁经甲午、日俄两次战乱，军祸、匪祸不断，农户生计困难，并为家族积善祈福计，自该年开始对庄田承种地户、佃户均暂免交各项种佃钱粮。自此以后也就再未收取过。自九一八事变后，各领头农户也与本家断了联系，各种地户、佃户已成为自耕农。

《安平贝勒杜度陵墓及其后裔》一文摘要

金魁章

雍正元年（1723）清世宗胤禛即位后，为追念这位在满清王朝的建立与巩固中战功赫赫的安平贝勒杜度，特颁圣旨，将杜度的陵墓从辽阳迁移到本溪县响山子东山坡上，下令在东山坡上重新修建一座气势雄伟的王陵。

为什么把王陵地址选定在这里？据清史记载及当地民间传说，认为这里山形壮美，地势雄浑，富有鲜明的象征性。响山子东山高约三百米，东大山整体呈规则的梯形，平顶两脊向南北延伸四华里，满山覆盖着茂密的松林。它以高耸云霄的姿态，巍然屹立于群山环抱之中。在东山坡的中央，有三个并列隆起、大小相同的山岗。杜度的陵墓就建在中间的山岗上。陵墓左右两侧的山岗犹如两只卧虎，环守不离。东山坡前，有一条十多米宽由南向北绵延流淌的小河。河西边的南山像一面迎风招展的大旗，北山（又名台山）像一面大鼓，有响亮悦耳的回音。东南方的明叶菜山像军中的号角，西北方的山像一尊大炮。这"旗""鼓""号""炮"四座山，巍然耸立在东山的"前沿阵地"上。正西面约三里远处有座三百多米的高山，像竖立的刀锋一样，与东山相呼应。如此独特的山形地势，恰能代表杜度统率千军万马，奋勇杀敌的高大形象和威武气势。

这座王陵的四周，有一道长方形的青砖围墙，正门有一座门楼，门楼前有两列六级长条形石阶。陵园内由一道砖墙分开前后两院。后院正中是杜度的坟墓，是一座圆形大土丘，其地面直径约五米。墓前右侧有七座小坟茔，是妃子墓还是什么人的坟墓，不得而知。前院有一座高大的龟驮碑（龟驮碑乃俗称。实际不是龟，是古代传说中力大无比的赑屃）。雍正元年（1723），皇帝特颁圣旨，举行盛典，建造了这座显赫的丰碑。碑用汉白玉制作而成，高 2.85 米，宽 1.2 米。碑头正面的四边是二龙戏珠的浮雕，正中刻有隶书体"圣旨"两个大字。碑身高 2.28 米，碑的正面与背面的四边均刻有游龙戏珠的浮雕，工艺精湛，形态逼真。碑文是用汉、满两种文字刻成的。汉字共 6 行，满文 8 行。

汉字是楷体，字写得雄健洒脱、苍劲有力，具有很高的书法价值，现已有人临摹。碑文是一篇骈体文。文笔流畅，辞采华丽，语言对偶，句式整练，声音和谐，是碑铭中极其精彩的一篇。王陵建成后，规定盛京礼部每年阴历六月为祭陵时间。

（摘自《溪湖文史资料》第 2 辑，

本溪市政协溪湖区委员会编，1992 年 12 月出版）

【附文】

杜度原葬于辽阳东京陵，后奉旨迁葬本溪封地（现名本溪市溪湖区石桥子乡响山子村），时称金王坟，《奉天通志》有载。墓地在"文化大革命"期间被毁，只剩墓碑。1984 年墓碑迁至本溪碑林（平顶山上的一个景区）东侧的杜度祠内。

贝子苏努宅的前世今生
——象房旧址

赵　明

杜度有七个儿子，均从龙入关，其中五子依功封爵，封爵的五子在北京赐有府邸。长子杜尔祜贝勒的府邸在现北京西城绒线胡同，部分旧址为现在的四川饭店所在地。次子穆尔祜贝子的府邸在现宣武门内抄手胡同 64 号附近，现在是繁星戏剧村所在地。三子特尔祜贝子的府邸在现西城受水河胡同 31 号附近，府邸已被拆除，旧迹荡然无存。六子杜努文的府邸在西城象来街附近的象房旧址。七子萨弼的府邸在西城月台胡同，位于中央音乐学院的东北侧，旧址已经拆除。其中，六子杜努文府邸所在地象房旧址在清朝及民国的历史上都曾经名噪一时，有珍贵的文物价值，目前有些建筑是全国重点文物保护单位，在此特别予以介绍。

（一）象房旧址与贝子苏努府邸

冯其利在《寻访京城清王府》中说："顺治初年（1644），宣武门至西单牌楼两侧的府邸划归清太祖努尔哈赤长子褚英子孙和克勤郡王岳托子孙。褚英长子安平贝勒杜度第六子杜努文于顺治二年（1645）封辅国公，康熙三十七年（1698）追封贝子。杜努文与其侄子贝子准达住明外象房旧址。"《啸亭续录》记载："贝子准达宅在宣武门西城根，贝子苏努宅在象房。"

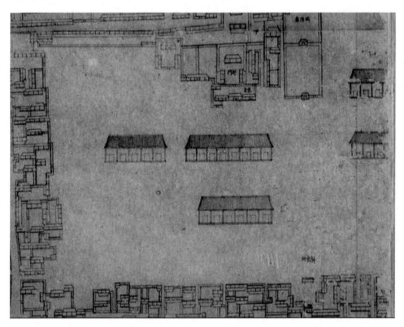

《乾隆京城全图》中所载象房旧址图

象房旧址在北京西城象来街，杜努文独子苏努于顺治五年（1648）正月十五出生于此。经过近百年演变，象房旧址已成为苏努和其13个儿子及孙辈的府邸。

根据朝廷制定的王公府邸的建筑规制，贝勒府制是基高二尺，正门一重，启门一，堂屋五重，各广五间。筒瓦、压脊，门柱红青油漆，梁栋贴金，彩画花草等图案。苏努在康熙朝长期担任议政大臣、镶红旗都统，按照内务府的建筑规制，苏努家族完全可以大兴土木，重新建造府邸。但从《乾隆京城全图》

中所载象房旧址图来看，其府邸未有大的变化，说明苏努并未向内务府提出扩建宅子的要求。或许在他看来，身为镶红旗都统，住宅能满足生活及办公需要即可。雍正二年（1724），苏努被革去贝勒爵位，全家三百余人发配山西右卫。两年后，雍正诬陷苏努在担任盛京将军的十年间，没有管理好陪都，下旨对苏努府邸进行查抄。抄家持续十天，府中所有财产尽充国库，苏努府宅遭到严重破坏。一个声名显赫的历史人物及家族从此风光不再，走向衰落。自杜努文至苏努的儿孙们，前后四代人在此地生活共计八十余年。

内务府拟将苏努府邸分配给其他达官贵人使用，但由于担心会牵扯进苏努案，无人肯接受，此后苏努府再没有被当作府邸使用。雍正七年（1729），南掌（老挝）遣使入贡驯象两只。此时明内象房已废，仅有宣武门西城根苏努使用过的外象房旧址虽有改建，尚可使用，且又空闲，遂恢复了它作为象房的部分功能。乾隆登基后，虽然苏努家族获得平反，但是其后人再没有回到那个留下惨痛记忆的府邸（象房旧址）。乾隆五十八年（1793），皇帝下旨，若是再有外邦进贡大象，暂交云南和广东的官府代养，待需要时再送到北京。到了咸丰年间，养象数量日趋减少，象房荒废。光绪年间，先是兴办贵胄学堂，八旗子弟在此上学，后朝廷改革学制，这里又被改造成京师法律学堂。

（二）象房旧址与教堂

康熙年间，苏努十子舒尔臣曾在象房修建教堂，筑有中式围墙。对于教堂，传教士巴多明是这样描述的："从一道美丽的门进去，三步高的平台，又深又宽。平台尽头矗立着一座小教堂，外表很是华美，门窗都镀了金，涂了釉，金碧辉煌，各个屋角上都有精巧的中国砖石雕刻。教堂正面四扇门进出，教堂祭坛后面，有一个镀金仿欧的装饰屏，正中是一幅三位一体的圣像，旁边是守卫天使像。除圣像、雕像外，教堂内部也混有各种不同的中国装饰元素。"为了使教堂内部结构更加准确，舒尔臣从宫中请来一位意大利画家郎世宁，对一些不精准的地方做了不同程度的修补工作。由于郎世宁来自欧洲，对欧洲教堂的布局甚是了解，对教堂内部的构造及装饰胸有成竹，尤其是对人物雕像和绘画，从西方美学的角度修改得更加精美和准确。巴多明毫不夸张

中华圣公会教堂正门

地说："那是我在中国看到的最美丽的小教堂，堪比欧洲某一亲王的宫殿。"至雍正朝，雍正颁布禁教令，出自画家郎世宁之手修缮的教堂毁于一旦。从《乾隆京城全图》所载象房旧址图上已看不到教堂的踪影。

离苏努家族府邸旧址不远，现新华社西门对面（佟麟阁路62号院），赫然矗立着一座建于1907年的中华圣公会教堂，权当是对苏努家族的一种精神慰藉吧。

（三）象房旧址与清末资政院

1907年，光绪下谕设立资政院，此乃清政府参考西方体制设立的中央咨议机关。资政院就建在象房旧址。资政院负责议决国家预算、税法、公债，制定或修改法典，议定奉特旨交议事件，但议决事项均须"具奏请旨裁夺"后方能生效。资政院的议员由皇帝委派的"钦选"议员和由各省咨议局推选的"民选"议员各100人组成。在当时的历史背景下，朝廷能够设立资政院，同意地方选举议员，

1910年的资政院大楼

议决国家大事，是清政府朝着民主、进步迈出的一步，是一次可喜的尝试。查阅《资政院议场会议速记录》，在一年当中就有 42 次议员大会的会议原始记录，内容丰富。

（四）象房旧址与北京国会旧址

象房旧址现为新华通讯社所在地。新华通讯社西门东侧，有数座灰色小楼，其中一座的正面墙上镶有一个石牌，上面刻有"北京国会旧址"字样。1911 年 12 月经过南北议和谈判，清廷发布《清帝退位诏书》，国家权力平稳过渡。1912 年 8 月 27 日，临时大总统袁世凯在此颁布了临时参议院制定的《中华民国国会组织法》《参议院议员选举法》《众议院议员选举法》，并成立了一个临时办事机构"筹备国会事务局"。

1913 年 4 月 8 日中华民国第一届国会开幕典礼

跨越了几个世纪，象房旧址从早期的象房、苏努府邸、学堂、资政院、北京国会，已演变成现在的新华通讯社所在地。三百多年来，这里经历了数次变迁，见证了许多重大的历史事件。象房旧址呈现给世人的沧桑变幻，令人慨叹。

北京国会旧址

安平贝勒杜度部分后裔在北京的墓葬

赵允溪

多罗安平贝勒杜度病逝于崇祯十五年（1642），初葬于辽阳，雍正朝降旨迁坟于杜度贝勒的封地本溪石桥子地区的响山子东山。"文化大革命"期间坟茔被毁，墓碑留存至今。该墓当地人称"金王坟"。《奉天通志》记载："金王坟，在响山子东山，距县城三十五里。古松苍蔚，巨碑矗立，清初金王葬处也。"碑为汉白玉材质，满汉文字合刊，碑首及边框均雕刻有云龙纹，1984 年迁至本溪平顶山公园之中，并建有杜度祠。

安平贝勒杜度有七子，五子从龙入关（另外两子早逝），定居北京，死后葬于北京。

北京海淀区羊坊店一带，是敕建的杜度贝勒部分后裔的墓葬群，集中了杜度贝勒后裔中很多家族的墓地。

安平贝勒杜度之长子多罗悫厚贝勒杜尔祜的墓地就在此处，具体位置大致应在现在的会城门公园所在区域。冯其利在《木樨地南侧双贝子坟》一文中写道："中国民族古文字研究会 1983 年 10 月出版的《世界满文文献目录》，汇集了满文资料文献目录，囊括国家图书馆清碑目录，对了解京郊清墓地址有帮助。清太祖努尔哈赤的长子褚英这一支，贝勒杜尔祜的墓碑在 82 页，首题'多罗悫厚贝勒杜尔祜碑文'，时间为顺治十四年（1657）八月十七日，地址为北京海淀区羊坊店。1984 年 10 月 25 日我曾拜访会城门村金尧臣先生之后，在会城门公园见到北蜂窝村的王庆林先生（1911 年生）。他说贝勒杜尔祜的墓地与会城门公园的位置相当。原有碑楼、宫门、守护班房、围墙。院内正坟为砖砌抹灰大宝顶，旁边两座砖坟。土坟较多，无法统计。松柏树粗得两个人拢不过来。1925 年坟主将坟起走，在香山附近重新安葬。新中国成立后，先是铁道部占地，后被绿化部门要走，建成了会城门公园。"贝勒杜尔祜的墓地虽然迁走，但杜尔祜贝勒的墓碑还一直留在羊坊店，近年移至动物园北门外五塔寺的北京石刻艺术博物馆内。墓碑前所立的说明上明确记载是从羊坊店地区移来的，说明杜尔祜贝勒的原墓地确实是在羊坊店。

羊坊店一带还有杜尔祜贝勒后人的墓地，比如贝子准达的墓。准达是杜尔祜贝勒的第八子，其墓碑现存万寿宾馆院内，碑文记其"持躬恪慎，矢志靖共。早贾勇以临戎，继宣猷而议政。承恩弗替，世秩列于上公；效力有年，崇班领夫宗正"。知情者说此碑是从羊坊店移来，说明准达的墓地最初也是在羊坊店，准达后人的墓地则建在房山黄圆井村。

会城门附近有一条双贝子坟路，这个路名是北京市政正式批准的道路名称。"双贝子"指的是杜度贝勒的两个儿子——第三子特尔祜贝子与第七子萨弼贝子，这一点早经冯其利先生考证，并由两位贝子的多位后人所证实。冯其利先生在其专著《京郊清墓探寻》一书中的"木樨地南侧双贝子坟"一文中写道："贝子特尔祜的墓地位置相当于铁道部直属通讯处，原有宫门、碑楼、围墙等建筑。驮龙碑上写的是勤慎贝子，谥号不是恪僖。顺治十六年（1677）敕谕，乾隆三十八年（1773）三月初十立碑。"碑文中对特尔祜贝子有"赋姿英敏，制行端重"之誉。文中还提到，当时找到住在东单洋溢胡同的遇会芝老人，是特尔祜贝子第三子登塞的后人，老人说1939年伪政府修路时他家曾迁走七个坟头。另外，冯其利还采访到当时北京第四医院的恒启泰先生，其先祖是特尔祜贝子的第五子玛尔噶图的后人，他的哥哥说1939年他们家迁走了四座坟。

关于怀愍贝子萨弼的坟，冯先生在文中写道："贝子萨弼的墓地在特尔祜贝子墓地西北，五统碑的西侧。坟地坐西朝东，白色的围墙，高七尺，长有三四十丈，东侧有红栅栏门。院内居中为贝子萨弼的大宝顶，两侧为巴鼐等人的小宝顶。宝顶后边是两座大山子，两丈高，十几丈长，周围有许多松柏树。"怀愍贝子萨弼墓碑碑文中称其"生性聪明，心性贤正"。冯其利文中说到萨弼墓旁两侧有巴鼐等人的小墓，奉恩镇国公巴鼐是贝子萨弼的长子。冯文称"巴鼐等人"，说明不止巴鼐，还有其他子孙的坟墓（小宝顶）。

现在双贝子坟所在区域高楼林立，已经全然不是冯其利先生采访时的面貌了。根据冯先生的考察，双贝子坟的具体位置大致如下：特尔祜贝子的墓地，应该在铁道部直属通讯处所在的院内。该机构的现址为北蜂窝路 18 号，在会城门公园东南角门的南侧，羊坊店医院的东侧，现在已经盖成楼房。萨弼贝子的墓地在特尔祜贝子墓地的西北，应该就在现在的北京市第五十七中学附近，这一带的老住户也确实说五十七中院里曾有贝子坟。

我小的时候，常听家里的老人说，我们家的祖坟（包括我爷爷的坟）在羊坊店，也叫北蜂窝，我的叔伯叔叔告诉我，我们家族在羊坊店附近的坟地大约有 200 亩，给我家看坟的人家姓李（后得到冯其利的证实，他曾经采访过这一家的老人），这家李姓人家在解放初期被定为地主，其拥有的土地多为私吞我们家族墓地而来。在日伪时期和解放初期，因修路占用坟地我们家族曾两次不得不迁坟，这两次迁坟都是我这位叔伯叔叔主持的，第二次迁得比较彻底，在黄村买了几亩地，由二叔管的坟都迁走了。我爷爷是启字辈，兄弟八人，据我所知，除八爷爷死后葬于天津之外，其余爷爷，包括我爷爷（于 1945 年病故），坟地都在羊坊店，后都迁葬至黄村，具体地点现在已无人知晓。

我们这一支是阿布兰的后人，既然先祖萨弼贝子和阿布兰晚近的后人都葬在羊坊店，那阿布兰的墓地按道理也应在羊坊店，不知道阿布兰的墓地是否在我这位叔伯叔叔所管的范围之内，是否已经迁到黄村去了，还是被迁到别的什么地方去了。

安平贝勒杜度第六子杜努文于顺治五年（1648）葬于羊坊店，其部分后人也葬于此。据苏努的后人讲，杜努文原墓地可能在羊坊店靠北接近复兴路一带，一说在现中联部大院附近。中联部大院确曾有清墓存在，有人回忆曾见过大院内的乌龟驮石碑，但已无可以证明墓主身份的材料了。另一说在原铁道部（现在是中国铁路总公司）的位置。杜努文的独子苏努死于山西右卫，苏努原是康熙晚年所倚重的近臣，可能因对雍正夺位之争了解太多，遭到雍正帝清洗。雍正借苏努诸子涉教案一事，严厉打压苏努一家，致使苏努一支曾被逐出宗室，苏努本人在山西的墓地甚至遭挫骨扬灰。到乾隆朝其家族的地位才得到部分恢复，赏予红带子为记，并在北京西直门外大柳树北村为苏努及其后裔修建墓地，这片墓地俗称"红带子坟"，这里的苏努墓仅是苏努的一座衣冠冢。苏努的四子、七子、九子和十三子均葬于此处，其中有的也仅为衣冠冢，比如苏努的第七子。在《耶稣会士中国书简集》三卷中，有苏努第十一子库尔臣与传教士的书信往来记载，库尔臣要求自己死后葬于祖先墓地羊坊店，他所说的祖先只能是杜努文，这也说明杜努文的墓地应在羊坊店。有书籍记载，苏努的三子苏尔金的墓地在羊坊店。五子和八子死于康熙年间，那时的苏努还是康熙的近臣，其子早夭葬于祖坟羊坊店应无问题。

现在成为地名的只有双贝子坟路，这条路原是东西走向，是很长的一条路，由于被新建筑所占，有的路段消失了，剩下的双贝子坟路已经比较短了，而且不很规整，包括了一段南北走向的路和一条东西走向的路，成了T字形的一段路。在东侧还形成了一条与南北走向的双贝子坟路平行的所谓"东双贝子坟路"，所以，现在双贝子坟路和东双贝子坟路形成了一个近乎H型的街巷。原来的双贝子坟路很长，说明原来称作双贝子坟的地方是很大的，这是因为这块被称作双贝子坟的地方不仅包括两位贝子的墓地，还包括其部分后裔甚至近代后裔的墓地。除了双贝子坟中的两位贝子外，杜度贝勒其他后裔的墓地虽然没有形成地名，但显而易见的是，绝不仅是上面提到的几位后裔在羊坊店有自己家族的墓葬群，在羊坊店的墓葬群中还有杜度其他后裔的家族墓穴，所以占地面积是很大的。据推测，大致向北可延伸至现在的复兴路北侧，向南到莲花池东路以南一带，往西可能到现在的羊坊店东路两侧，东面一直延伸到西护城河河边，河道转向东的区域则是沿南北河道方向向南一直延伸到莲花池东路，这三条路与东边的护城河及河道方向延伸线所围成的区域，就是杜度贝勒部分后裔的墓葬群所在的大致位置。因为有些后人在说到日伪时期和解放初期迁坟的缘由时都提到修路，而这一地区因修路可能导致迁坟的就是北面的复兴路、西面的羊坊店东路、南面的莲花池东路以及中间的北蜂窝路，但现在说杜度部分后裔的墓葬群北起复兴路，南达莲花池东路，西起羊坊店东路，东至西护城河河边，以这几条路和河来界定这个区域的位置只是为了便于描述所划出的大致区域，实际上，原来并没有这些路，具体的墓葬群所在地也可能超出上面所划的区域范围。

　　另外，杜度次子穆尔祜原封墓地经冯其利考证在海淀区梆子井村，原占地70亩，后卖掉大部分，仅剩20余亩。大山子前居中大宝顶高三米许，周围有子孙墓地多座。穆尔祜的墓地为何没有封在羊坊店而是封在别处？有资料显示，还有杜度贝勒的部分后裔及其晚近后人没有葬在羊坊店区域，而是葬在别处，如上文中提到的准达后人的墓地建在房山黄圆井村。这究竟是因为杜度贝勒后裔族群越来越庞大，羊坊店区域已经容纳不下更多的墓葬，还是另有原因？现在已经不得而知了。

杜度部分后裔在北京羊坊店地区墓葬群的大致位置

今日的双贝子坟路实景

碑文汇

墓碑碑文皆为满汉两种文字合刊，此处摘录汉字碑文，采用简体字排版，并加以句断。

杜度墓碑碑文（碑文共 6 列，180 字）

多罗安平贝勒杜度碑文

朕惟国家谊笃懿亲，情殷惇睦，显爵之畀，既颁泽于生前；宠锡之加，更垂恩于身后。凡以重一本，厚宗盟，典至渥焉。尔多罗安平贝勒杜度，派衍银潢，庆流玉叶。扬威阃外，夙资克敌之功；宣力师中，允协维诚之义。且职司夫礼教，因志励乎寅清。追尔勋猷，宜加恩赉。特颁旷典，聿彰眷旧之情；丕布新纶，爰备饰终之礼。式循彝宪，建树丰碑。呜呼！鸿文焕赫，贲泉壤以增光；宝命辉煌，映松楸而生色。永垂奕祀，用志哀荣。

雍正元年十二月初三日立

尼堪墓碑碑文（碑文共 9 列，292 字）

和硕敬谨亲王尼堪碑文

朕惟国家膺图受禄，不吝爵赏，以锡有功，昭示来世，用垂不朽，典至巨也。尔和硕敬谨亲王尼堪，系太祖武皇帝之孙，太宗文皇帝之侄，厚爵固山贝子。当入山海关灭流贼二十万兵时，尔率兵信地击杀，复穷追败贼于庆都。以尔此功，于顺治元年十月十七日升为多罗贝勒。及歼流寇，灭福王，平定河南、江南时，尔在彰关三败流贼，在芜湖江中生擒福王，降其兵卒，用红衣炮攻取江阴。又往征四川时，败贺珍兵三次，平定汉中地方，故封为多罗敬谨郡王。率兵征山西时，败贼兵八次；又围困大同时，使贼势穷迫，遂拔其城，以多罗郡王封为敬谨亲王。后以湖南贼寇窃发，命尔为定远大将军，统兵前往，殒身行间。尔虽鲜善行、功未足，称念系宗支，爰赐祭葬，勒之贞珉，永垂后世。昭朕敦族眝庸之意云。

顺治十二年六月十六日立

杜尔祜墓碑碑文（碑文共 5 列，135 字）

多罗悫厚贝勒碑文

古帝王承天抚世，笃念宗亲，故生则锡以荣封，殁则彰其令誉，典最渥也。尔杜尔怙，乃多罗安平贝勒之子，赋性端良，制行诚恪，因系宗室，累封贝勒。方冀永襄泰治，乃封爵未几，遽尔奄终。念尔谊切本支，复隆表著之恩，爰考旧章，谥曰悫厚，勒之贞珉，用传不朽。庶昭朕敦族之心，永为藩屏之懿典云尔。

顺治十四年八月十七日立

准达墓碑碑文（碑文共 6 列，171 字）

原任镇国公追封固山贝子谥温恪准达碑文

朕惟国家谊重亲贤，道弘敦睦，荷丝纶之褒锡，宜琬琰之垂光。凡以眷懿，亲酬茂绩，典至渥也。尔准达，持躬恪慎，矢志靖共，早贾勇以临戎，继宣猷而议政。承恩弗替，世秩列于上公；效力有年，崇班领夫宗正。前劳可念，显爵特加，礼备饰终，泽隆下逮。既易名而谕祭，复营葬以勒铭。于戏！青松白石，沛恩宠于重泉；螭碣龙章，志光荣于奕世。尔克有知，其敬承兹休命。

雍正五年岁次丁未六月初八日立

满族的整合及其命名日"颁金节"

金承涛

满族的直接先人是女真人，12世纪初以完颜部为主体的女真人，在阿骨打的领导下，反抗辽国的统治，取得胜利，建立了金国。灭辽后继而推翻北宋，迁都燕京（北京），曾控制了中国北部广大地区。金朝灭亡后，迁入这些地区的女真人逐渐汉化成中原人，也有被俘入蒙古，融入蒙古族的。但留居在东北地区的女真人仍然保持着本民族的特性，到了15世纪30至40年代即明朝正统初年，在东北的女真人几经迁徙、聚合，各分散的部落逐渐形成建州、海西、东海三大部。

一、建州女真包括苏克、苏护、浑河、完颜、董鄂、哲陈、鸭绿江、纳殷、珠舍里等部，分居在抚顺以东浑河流域，以至长白山麓、鸭绿江边。

二、海西女真包括哈达、叶赫、辉发、乌拉四部，分布在开原边外、辉发河流域及松花江自西向东北方地域。

三、东海女真（明朝记为野人女真）包括瓦尔喀、虎尔哈等众多部落，分布在松花江下游及乌苏里江以东地区。

自万历十一年（1583）至十九年（1591）间，努尔哈赤基本统一了建州女真各部，万历二十一年（1593）建州政权击败叶赫、哈达、乌拉、辉发、科尔沁蒙古、锡伯、封勒察、珠舍里、纳殷九部联军三万人的进攻，取得了重大胜利。随后陆续消灭了海西女真哈达、辉发、乌拉三部的领主。同时派兵远征东海女真的瓦尔喀、虎尔哈等部，招服黑龙江下游的使犬部、乌苏里江以东的诺罗部。最后于天命四年（1619）才征服由明朝支持的海西女真的叶赫部。此时努尔哈赤建立的后金政权控制的区域西至辽东边境，北达黑龙江中游，东向沿鸭绿江、图们江入海口一带，南抵海边及与朝鲜接壤的地区。天命十一年（1626）努尔哈赤病故后，皇太极继位，称天聪汗，继续励精图治，锐意改革。在天聪九年十月十三日（1635 年 11 月 22 日）皇太极发布诏令："我国原有满洲、哈达、乌拉、叶赫、辉发等名，向着无知之人往往称为'诸申'。夫诸申之号，乃席北超墨尔根之裔，实与我国无涉……自今以后，一切人等，只称我国满洲原名，不得仍前妄称。"

在努尔哈赤和皇太极的统率下，历经半个世纪约五十二个年头的奋斗，才把纷争不已的女真各部统一起来，有了共同的地域、语言文字、经济生活、社会组织。这个以女真人为主体同时融入了一些归依的汉人、朝鲜人、蒙古人成分在内的民族共同体，由皇太极宣布族名为"满洲"，而"满洲"一词又洽合佛家藏语曼珠（吉祥）之意，现简称满族，颇有失原意。

皇太极为什么明令禁止再用诸申或女真等称呼呢？清史、满族史专家曾做过研究，主要观点有二：

一、诸申是女真的另一误译，明代亦曾用过朱先，但这一名词在女真族历史上曾是族中人数较多的一个阶层，是领主与奴仆（阿哈）之间的自由民，以诸申作为族名显然是不合适的。

二、历史上宋、辽时代，女真人建立的金国在统治中国北部广大地区时，与汉族的矛盾十分尖锐，皇太极为避免明朝汉人的联想而产生反感，所以改名满洲，甚至连国号"金"也在第二年，即天聪十年四月十一日（1636 年 5 月15 日）改为清，改年号为崇德，即为崇德元年。

笔者认为，除上述两点原因外，还有更深层次的意义：建州女真自建政再经天命、天聪二十年的执政发展，八旗制以旗统人，使民政、生产、军事相结合的社会组织机构叶臻成熟巩固，皇太极为加强民族的团结和凝聚力，遂统一采用满洲族名，禁止再用其他族名，意在淡化过去女真众多部族之间以及女真与女真之外民族之间的历史恩怨，消除隔阂，以统一在满洲八旗制度下。

天聪九年十月十三日（1635 年 11 月 22 日）皇太极谕定族名"满洲"，1989 年 10 月经多位满族学者酝酿，在辽宁丹东"满族文化学术研讨会"上倡议依满语"颁金扎兰"纪念这一天。"颁金"汉译为"新生""生气勃勃"，"扎兰"的意思为"喜庆之日"，经简化，确定以"颁金节"作为纪念日的名称，这一名称已获得全国各地满族同胞与民族组织的赞同和采用。

（原文刊于《广州满族》2002 年第四期，2017 年修改）

谨识我们的家谱——《爱新觉罗宗谱》

赵允溪

有些爱新觉罗家族的宗亲，只知道自己的老姓是爱新觉罗，至于自己是何人之后，自己的家族属于爱新觉罗的哪一支，就不甚了了了。这些宗亲想寻根，想认祖归宗，却不知该如何做。其实，爱新觉罗家族有自己的家谱，该家谱是中国唯一保存完整的皇族族谱，也是世界上最庞大的家谱。它记录了 16 世纪到 20 世纪 30 年代近 400 年间清代皇家宗亲（包括宗室和觉罗）详细、系统的家族谱系和资料。爱新觉罗的子孙如果知道自己前辈的名字，只要查阅的方法正确，一般都能在《爱新觉罗宗谱》中找到自己的根。

一、《玉牒》与《爱新觉罗宗谱》

爱新觉罗皇家宗谱原称"玉牒"。其实，皇帝之宗谱，唐已有之，沿至宋、明、清，均称"玉牒"，只是清以前各代的玉牒，均未流传于世。清代玉牒是唯一完整保存下来的玉牒。清依前朝惯例，将钦定族谱定名为"玉牒"，因只有清玉牒传世，不加朝代也不至于混淆，故均称之为"玉牒"。有的学者为严谨起见，称为"清代玉牒"或"清玉牒"。

"玉牒"分满、汉两种文本，自顺治十三年（1656）开始，每十年续修一次，有清一代共编修 26 次，民国后又修两次，最后一次续修玉牒是在 1921

年，前后共续修 28 次。其中不包括 1936—1938 年溥仪主持重修的一次，因为
1936 年的修谱已经不是原来意义上的续修，而是将原来的玉牒重新整理、排
版，铅字印刷，并更名为《爱新觉罗宗谱》，已经不同于以前历次在原有基础
上的补充续修，因此原来意义上玉牒的续修止于 1921 年。

按顺治十三年（1656）定下的规矩，玉牒要缮写三份，皇史宬、宗人府、
礼部各藏一份。乾隆二十五年（1760）改为缮写两份，分别存于京城皇史宬和
盛京敬典阁，所以实际上清代玉牒现在保存有完整的两份，保存在北京皇史宬
的一份，现归中国第一历史档案馆收藏；保存在沈阳敬典阁的一份，现归辽宁
省档案馆收藏。玉牒有严格的体例和装裱标准，对缮写格式、装帧形式及所用
材料，甚至连封装和储藏的柜子都有严苛的要求。

1936 年 8 月，伪满洲国皇帝溥仪下了一道续修族谱的"圣旨"，除了汇
总、普查资料外，还充分利用各宗支的原修家谱，要求把各府家谱正本送到东
北。这次修谱从内容上讲，不仅是历次玉牒的总汇，还补充了 1921 年最后一
次续修玉牒之后的各宗支的新内容。但与原来竖格玉牒不同的是，它没有关于
女儿、女婿的记载。从排版装订上看，这次修订一律改为横格，并使用铅字排
印，于 1938 年出版，封面统一采用黄色布面纸，并正式改称为《爱新觉罗宗
谱》。近年来有些出版社出版的《爱新觉罗宗谱》，如影响最大的学苑出版社出
版的《爱新觉罗宗谱》，实际上都是 1938 年溥仪时代铅字排版的《爱新觉罗宗
谱》的影印版，不过学苑出版社在影印出版《爱新觉罗宗谱》时，请常林先生
根据宗谱世系表全部在册人名编制了一套完整的索引，索引按人名首字拼音查
询，不仅可以查到该人在宗谱中的页码，还可直接查出父亲的名字，为查阅者
带来了极大方便，实属功德无量之举。

这份宗谱除了补充新的内容、缺少女儿女婿的记载以及不同的排版形式
外，内容与原来的玉牒基本上是相同的，但装帧形式、材质和规格已经完全不
同于原来的玉牒，因此不能再称之为玉牒，只能称之为《爱新觉罗宗谱》，而
玉牒只有保存在北京和沈阳的那两份。当然，保存在北京和沈阳的玉牒并非各
仅有一套，从版本上讲，玉牒尚有大开本和小开本之分，在文字上有满文与汉

文之分。清朝前期的重要文书，俱用满文书写，修玉牒也是如此，顺治、康熙两朝所修玉牒，仅有满文，雍正之后才有满汉两种文字的玉牒。另外，从排版上讲，玉牒有直格和横格两大类，横格玉牒只有横格，在同一横格中的人是同一辈分。直格玉牒则每页只画竖格。凡此种种不再详述。

《玉牒》和《爱新觉罗宗谱》中都没有在通常家谱中常出现的家训及族规等内容，这是因为清朝历代皇室都编有专门的《圣训》，记述各代皇帝对子孙的训示。另外，宗人府编订的《宗人府则例》，实际上正是皇族的"族规"，所以这些内容，就没有必要再列于《玉牒》和《爱新觉罗宗谱》中了。

二、《爱新觉罗宗谱》的体例和内容简介

由于《爱新觉罗宗谱》与《玉牒》的编纂原则是一致的，而且 1921 年以前录入的资料两者基本相同，所以，在以下的叙述中均以《爱新觉罗宗谱》为例，并简称《宗谱》，不再提及《玉牒》。

《宗谱》共 8 册，即：星源吉庆、甲册、乙册、丙册、丁册、戊册、己册、庚册。星源吉庆册为皇帝直系，甲、乙、丙、丁册为宗室册，戊、己、庚册为觉罗册。

1. 星源吉庆述及皇帝直系，包括帝系图以及历朝帝后大事，附录包括妃、嫔及皇子女。

2. 首卷甲册除了本册所含的宗室世系表外，尚包含溥仪续修宗谱"上谕"、恭修爱新觉罗宗谱序、爱新觉罗源流考及例言等内容。在首卷中还列有从兴祖福满（努尔哈赤高祖）到溥仪的世系图，其中只有文宗显皇帝咸丰的世系图和兴祖直皇帝福满的世系图列出三代，其余均仅列两代。

3.《宗谱》世系表收录范围

《宗谱》中的主要篇幅是世系表，收录爱新觉罗家族各支的资料。世系表收录范围包括皇帝直系、宗室和觉罗三大类。宗室和觉罗是依据与皇帝直系关系的远近划分的两个层次。

宗室：玉牒以努尔哈赤之父塔克世为本支，即指努尔哈赤父亲塔克世的后

世子孙，也就是努尔哈赤及其亲兄弟们的后裔为本支，称为宗室，入于黄册。

觉罗：玉牒以努尔哈赤之父塔克世的叔伯兄弟为旁支，也即指努尔哈赤曾祖福满（兴祖）的非宗室的后世子孙为旁系，称为觉罗，入于红册。

显然，宗室与皇帝直系的关系要近于觉罗。宗室赐配黄带子，觉罗赐配红带子，以显示不同的身份与地位。这样，黄带子与红带子又分别成了宗室与觉罗的代名词。宗室和觉罗的宗亲都收录在《宗谱》中，在《玉牒》中向有红黄档之分，宗室为黄档，觉罗为红档，而在《宗谱》中每册均统用黄色封面而归于一致，唯用文字注明"宗室""觉罗"字样。在宗室和觉罗之外，还有既不是宗室，也不是觉罗的爱新觉罗，也就是努尔哈赤的同族祖辈中福满以外的各支及其后代子孙，这些爱新觉罗族人没有收录在《宗谱》中。

宗室因事获罪革除属籍者，于《宗谱》后另录一编，仍用旧称，以存其实。

4.《宗谱》世系表辈分的排列

《宗谱》世系表按横格排列，《玉牒》则有横格排列和竖格排列两种版式。横格排列即在《宗谱》的每一页中，居于同一横行的人具有相同的辈分，一页十九行（横格《玉牒》一般一页为十三行），辈分高的在上，子孙后裔依辈分递降，依次向下排列。

爱新觉罗家族原本并无按照辈分命名的习惯，康熙朝才开始采用汉人按辈分取名的方法。康熙二十年（1681），康熙对其后代子孙的命名做出规定，康熙儿子辈用"胤"字，如雍正的名字为胤禛，孙子辈用"弘"字，曾孙辈用"永"字。乾隆时，又根据他作的一首诗中的"永绵亦载奉慈娱"一句，因其首字为"永"，遂取了其后的"绵""亦""载"，接续在"胤""弘""永"之后，成了六个字。道光时添了"溥""毓""恒""启"，咸丰时添了"焘""闿""增""祺"。这14个字在清光绪三十二年（1906）写在《玉牒》中，定为字辈序和字辈数。在1938年续修《爱新觉罗宗谱》时，溥仪又添了12个字："敬""志""开""瑞""锡""英""源""盛""正""兆""懋""祥"。

这样爱新觉罗氏宗室辈分排字一共有26字：

胤（yìn）、弘（hóng）、永（yǒng）、绵（mián）、奕（yì）、载（zǎi）、溥（pǔ）、毓（yù）、恒（héng）、启（qǐ）、焘（tāo，有很多族人依习惯读作dào，但现在的各类字典中均只标有一个注音 tāo，并非多音字）、闿（kǎi）、增（zēng）、祺（qí）、敬（jìng）、志（zhì）、开（kāi）、瑞（ruì）、锡（xī）、英（yīng）、源（yuán）、盛（shèng）、正（zhèng）、兆（zhào）、懋（mào）、祥（xiáng）

还有人在"胤"字之前，补了6个字："觉""塔""努""皇""福""玄"，称前六字，续修《宗谱》时似未认可。

在《宗谱》世系表中，前五行未有排辈字，从第六行开始，往下分别是胤、弘、永、绵、奕、载、溥、毓、恒、启、焘、闿、增、祺，共19行。

《爱新觉罗宗谱》世系表中的一页

　　不过，在《玉牒》中，这些排辈字用于命名时，只能是近支宗室使用，即只有康熙的后裔子孙才能使用，除此之外的远支宗室和觉罗是不能使用的，"只有近支宗室，才能依此命名，其支脉稍远者，命名即不得依此行辈。"（引自《光绪会典事例·卷一》）

　　但在《宗谱》中，无论是远支宗室还是觉罗的世系表，都要用排辈字来标明辈分。满族人名字前不冠姓，即使是老姓也不用，民国之前，又下令命名不准用汉姓，所以，满族人的名字多只用两个字，这就造成了同名者甚多。因此在康熙三十二年（1693）曾有规定："王以下、闲散宗室以上，一有同名者，令卑者、幼者更改。"这样的规定，便是为了避免记入《玉牒》时有重名的问题。

　　5.《宗谱》各册内容提要

　　《宗谱》共分 8 册，即：星源吉庆、甲册、乙册、丙册、丁册、戊册、己册、庚册。近代影印的《爱新觉罗宗谱》一般编成 31 册印刷出版。

　　人名索引 2 册，

　　星源吉庆 1 册。

　　甲册至庚册 7 册分印成 28 册，所载世系表支系如下：

　　甲册分印 4 册。

　　1 册—4 册：德宗景、穆宗毅、文宗显、宣宗成、仁宗睿、高宗纯、世宗宪、圣祖仁、世祖章、太宗文皇帝位下之子孙。

　　乙册分印 4 册。

　　1 册—4 册：太祖高皇帝位下，第一子贝勒褚英、第二子亲王代善、第三子镇国公阿拜之子孙。

　　丙册分印 4 册。

　　1 册—4 册：太祖高皇帝位下，第四子镇国将军汤古代、第五子莽古尔泰、第六子辅国公塔拜、第七子亲王阿巴泰、第九子镇国公巴布泰、第十子德格类、第十一子巴布海、第十二子阿济格、第十三子辅国公赖慕布、第十四子亲王多尔衮、第十五子亲王多铎、第十六子费扬果之子孙。

　　丁册分印 5 册。

1 册—5 册：显祖宣皇帝位下，第二子贝勒穆尔哈齐、第三子亲王舒尔哈齐、第四子郡王雅尔哈齐、第五子贝勒巴雅喇之子孙。

第 5 册后还为因事获罪革除属籍者另录一编，即为黜出宗室降为红带子支系。

太宗文皇帝位下第一子武肃亲王豪格之第五子温良郡王勐峨之第三子延信降为红带子一支；

太祖高皇帝位下第一子广略贝勒褚英之第一子安平贝勒杜度之第六子追封怀愍贝子杜努文之第一子苏努降为红带子一支；

太祖高皇帝位下第二子礼烈亲王代善之第一子克勤郡王岳托支下奉恩将军兴瑞之第一子全亮降为红带子一支；

太祖高皇帝位下第二子礼烈亲工代善之第二子硕托降为红带子一支；

太祖高皇帝位下第二子礼烈亲干代善之第二子颖毅亲王萨哈廉之第一子阿达礼降为红带子一支；

太祖高皇帝位下第六子辅国公塔拜之第二子额克亲之第六子额尔济图降为红带子一支；

太祖高皇帝位下第七子饶余敏亲王阿巴泰之第四子安郡王岳乐之第十九子务尔占降为红带子一支；

太祖高皇帝位下第五子莽古尔泰降为红带子一支；

太祖高皇帝位下第十子德格类降为红带子一支；

太祖高皇帝位下第十六子费扬果降为红带子一支；

显祖宣皇帝位下第三子庄亲王舒尔哈齐第一子阿尔通阿第一子舒尔赫宜降为红带子一支；

显祖宣皇帝位下第三子庄亲王舒尔哈齐第二子已革贝勒阿敏支下塞胡之第二子拉哈礼降为红带子一支（此支《宗谱》未记载，记载对象为春宜位下福成阿，道光年间黜出宗室）；

显祖宣皇帝位下第三子庄亲王舒尔哈齐第二子已革贝勒阿敏第二子爱度礼降为红带子一支；

显祖宣皇帝位下第三子庄亲王舒尔哈齐第六子郑献亲王济尔哈朗支下扬桑阿第一子务能义降为红带子一支；

显祖宣皇帝位下第三子庄亲王舒尔哈齐第九子脑岱降为红带子一支；

显祖宣皇帝位下第五子笃义刚果贝勒巴雅喇第四子巩阿岱降为红带子一支；

显祖宣皇帝位下第五子笃义刚果贝勒巴雅喇第五子锡翰降为红带子一支；

显祖宣皇帝位下第五子笃义刚果贝勒巴雅喇第八子德玛护降为红带子一支。

戊册分印 3 册。

1—2 册：景祖翼皇帝位下第一子武功郡王礼敦巴图鲁、第二子多罗慧哲郡王额尔衮、第三子多罗宣献郡王斋堪、第五子多罗恪恭贝勒塔察篇古之子孙。

2—3 册：兴祖直皇帝第一子德世库位下第一子素赫臣、第二子谭图、第三子尼扬古之子孙。

3 册：兴祖直皇帝第二子刘阐位下第一子陆虎臣、第二子玛英格、第三子门图之子孙。

己册分印 5 册。

1—5 册：兴祖直皇帝第三子索长阿位下第一子履泰、第二子务泰、第三子绰奇阿注库、第四子龙敦、第五子飞永敦之子孙。

庚册分印 3 册。

1—3 册：兴祖直皇帝第五子包郎阿位下第一子隋痕、第二子巴孙巴图鲁、第三子对秦、第四子郎腾之子孙。

3 册：兴祖直皇帝第六子宝实位下第一子康嘉、第二子阿哈纳、第三子阿笃齐、第四子多罗郭齐之子孙。

6.《宗谱》世系表中个人名下包含的信息

世系表中的内容，包括名字、生卒年月日时、寿数、生母姓氏、生母嫡庶、生母之父名、妻妾、子嗣、爵秩、封赠以及授职、升迁、降革的情况。

《宗谱》不同于竖格《玉牒》，它没有关于女儿、女婿的记载。

三、《宗谱》的查阅方法

《宗谱》煌煌 28 册，由于世系表按横格排列，一个支系的不同辈分的先辈在《宗谱》中的位置往往相隔很远，如果方法不对，查阅信息，特别是按支系查阅信息，会很困难。正确的方法是使用索引。

要想在《宗谱》中查出自家的宗支，当然，首先应该确定自己的家族老姓确实是爱新觉罗，其他满族老姓不能在《宗谱》中查出自己的宗支。另外，要想在《宗谱》中查出自己家中的前辈祖宗和宗支，必要的条件是知道自己前几代中至少连续两代男性先人的名字，确切地讲，须知道自己家里在 1935 年以前就已经出生的男性先人的名字，最好是连续两代符合上述条件的先人的名字。这些名字必须是原来的老名，不是后来改的名字。当然如果能够知道这些先人的生卒年、月、日，那就更好了。以上条件是通过《宗谱》查询自己根脉的必要条件，是最重要的条件，如果不具备知晓连续两代先人名字这样的条件，就基本不太可能查出什么结果来了。如果仅仅知道一位先人的名字，但知道生卒日期，也还可以；但如果仅仅有一个名字，也不知道准确的生卒日期，即使能查出该名字，但因无法排除重名，也无法佐证，因此也就无法确定。除此之外，如果知道自己家族的八旗旗籍（就是家族是哪个旗的），知道老宅和墓地所在地那就更好了，这些资料都可以帮助查阅者进一步求得旁证，但这些都不是在《宗谱》中寻根问祖的必要条件。

1.《爱新觉罗宗谱·索引》

如何查询自己家族的宗支呢？最好的方法当然是查询《宗谱》，而在《宗谱》中查

《爱新觉罗宗谱·索引一》封面

询家族的宗支和先人的最好方法是借助《爱新觉罗宗谱·索引》(以下简称《索引》)。《索引》系学苑出版社影印出版《爱新觉罗宗谱》时由常林所编,《索引》共分两册。索引为人们查询《宗谱》提供了极大的方便。《索引》收录《宗谱》中包括《玉牒》之末被黜者在内的所有人名,并包括少量《宗谱》中小字注明的曾用名、现名,共有 82297 人。其中,由于《宗谱》中对过继子在其血缘本支和过继支两处均有收录,《玉牒》之末部分被黜者亦有两处收录的情况,故《索引》中会有重复。

2.《索引》中有人名首字的拼音检字表

《索引》是按汉语拼音顺序排列的。首字相同再按第二字的拼音顺序排列。同音字则按汉语的字符集排列。在《索引》正文的前面列有人名首字的拼音检字表,所以,要在《索引》中查询一个名字,可以先依该名前缀字的汉语拼音在《索引》的拼音检字表中查询以该字为首字的名字出现在索引中的页码,然后就可以到《索引》的该页码处查找自己要找的名字。

3.《索引》中每个人的名下均列出其父亲的名字

在《索引》中找到了要找的先人的名字,是查找自己宗支的第一步,在《索引》中最为关键的一个设计,是在《索引》中每一个名字后的括号中均列出其父亲的名字,于是,你就可以按其父名,继续在《索引》中查找,进而一代一代地查上去,直到找到你家族支系的根。

4.《索引》中每个人的名下均列出其在《宗谱》中的位置

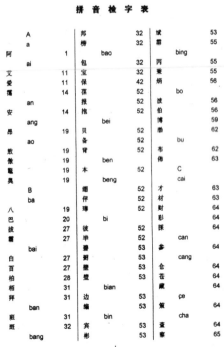

《爱新觉罗宗谱·索引》拼音检字表

实际上仅在《索引》中，你便可查找到自己家族的支系，找到自己的根，但你只是查找到了自己家族前十几代先人的名字，如果你想了解每一位先人的详细情况，那还要到《宗谱》中去查。《索引》中每一个人名下所列的内容，是按照"姓名（父名）、隶属册次、所在册页码"的格式排列的。隶属册次，是指该人在《宗谱》中的哪一册，所在册页码是指该人在那一册的哪一页，这样，就可以在所在册的所在页上查找到该先人的详细资料。所以，如果是查询自己家族的宗支，可以先查询《索引》，找出自己一代一代先人的名字，并记下每一代先人在《宗谱》中所在的册次和页码，直到查出自己的根，然后再到《宗谱》中去查找每一代先人的详细资料。这样，就可以了解自己家族的非常详细的情况，甚至可以去编纂自己家族的家谱了。

四、通过《宗谱》查询家族宗支的一个实例

下面就通过一位宗亲在《宗谱》中查询自己的宗支和祖先的例子，探讨一下《宗谱》的使用方法。查找的过程大多采用第一人称的方式叙述。

1. 查询之前掌握的家族情况

我从小就知道自己是满族人，老姓爱新觉罗，旗籍是镶红旗。祖宅在北京西城区老莱街月台大门，祖坟在羊坊店北蜂窝，父亲本名志纯，1922年生人。我出生的前一年（1945）祖父去世，祖父本名耆生。祖母名叫关淑慧，老姓瓜尔佳氏（关佳氏）。祖父弟兄八个，除了我的祖父，我还知道两位，一位名正启，我称四爷爷；一位名耆德，我称八爷爷。四爷爷正启的儿子松茂，我称其为二叔，是我的叔伯叔叔，每逢过年过节都能见到这位二叔。四爷爷是我们这支的族长，家里保存着我们这一宗支的家谱，但在"文化大革命"时，二叔害怕挨整，把完整的家谱给烧了，只从上面撕下有他家及他熟悉的族人的几页，幸好其中包括我们家。二叔无后，在他临终之前将这几页家谱交给了我。除此之外，便不知道什么了，关键是不知道我的家族是属于哪个宗支的，先人是谁。先前二叔家摆着祖宗牌位，我也拜过，但从来没有问过供奉的祖宗是谁，"文化大革命"中，祖宗牌位也让二叔付之一炬，等我想了解自己的根脉时，

家里的老人都已不在了。

现在看来，我还是很幸运的，我所了解的这点家族情况，虽然不太多，但足够充分，可以通过《宗谱》很明确地确定自己家族的宗支，确定自己的各代祖宗，并可以通过我所了解的其他信息，进一步佐证从《宗谱》中得出的结论。

2. 通过《索引》的汉语拼音检字表，查找父亲在《索引》中的位置

父亲名志纯，首字为"志"，根据其汉语拼音"zhi"，在《索引》的拼音检字表中查到"志"的位置在《索引》第一册的 1038 页。翻到《索引一》1038 页，在首字为"志"的名字中果然查到了"志纯"，后面括号中所列的父名中赫然写着"耆生"，这一阵惊喜非同小可，父亲和祖父的名字都对上了，二者互相验证，表明《宗谱》中的志纯和耆生正是我的父亲和祖父，于是把父亲志纯在《宗谱》中的位置（乙册 2769 页）记录了下来。

3. 通过《索引》的汉语拼音检字表，查找祖父在《索引》中的位置

祖父名"耆生"，首先在拼音检字表中查到"耆"字的位置在 593 页，以耆字命名的人较多，最后在 594 页找到祖父耆生的名字，其后括号内父名一栏，写着"丰存"，以前并不知道曾祖父的名字，这是第一次看到曾祖父的名字，又是惊

姓名（父名）	册次	页码	姓名（父名）	册次	页码
正林（棠福）	丁册	8049页	志域（恩荣）	己册	1590页
正禄（谟尔浑）	己册	2797页	志域（富顺）	戊册	(2)591页
正禄（宽明）	乙册	3471页	志域（奎茂）	甲册	1913页
正奇（正庥）		46页	志域（悦澜）	丁册	7799页
正启（丰存）	乙册	2769页	志域（舒祥阿）	丙册	6176页
正舒（谟尔浑）	己册	2797页	志昌（多星）	乙册	4012页
正泰（淮礼璋额）	丁册	7351页	志昌（恩瑞）	玉册	209页
正泰（哲尔愚）		1108页	志昌（合鹏）	丁册	4149页
正图（舒尔愚）	己册	1097页	志昌（文富）	庚册	(1)457页
正喜（鹰依泰）	丁册	8056页	志昌（伊楷阿）	戊册	(1)101页
正仙保（赫德宜）	丁册	7260页	志昌（英彤）	戊册	(1)231页
正学（陆光）	丙册	6301页	志成（长庚）	己册	1806页
正义（丹林）	甲册	1734页	志成（存孝）	己册	1515页
政三（阿图）		2345页	志成（台赖）	乙册	4148页
政文（福隆泰）	丁册	7793页	志成（铁永）	甲册	1816页
政元（连启）	丁册	7735页	志成（文富）	庚册	(1)458页
政普（扬德）		8042页	志成（玉林）	丁册	5023页
			志诚（宝隆）	乙册	4340页
芝华（春魁）	甲册	1635页	志诚（德山）	戊册	(2)662页
芝林（阿图）	戊册	(2)119页	志诚（多平）	丁册	5486页
芝田（凤瑞）	丙册	4625页	志澄（祥济）	甲册	2057页
枝赫（德塞宜）	丁册	6830页	志春（英安）	丙册	6141页
知义（光裕）	丙册	4782页	志纯（耆生）	乙册	2769页
执中（凤荣）	甲册	4057页	志涫（鹏书）	丁册	5994页
职明（塞明）	丙册	4681页	志慈（宝铭）	丙册	5953页
植森（照荣）*应为祀点	丁册	8376页	志丛（裕通）	丁册	8713页
祉玑（湖图礼）	丙册	5568页	志萃（裕通）	丁册	8712页
祉璘（英松）	丙册	4951页	志存（贵康）	丁册	6999页
至刚（增福）	乙册	3460页	志存（奎永）	甲册	1912页
至庆（伯祖）	丁册	6930页	志存（鹏书）	丁册	5994页
至贯（灵耶）	丙册	5915页	志存（善庆）	丁册	1440页
志安（庆隆）	丁册	7051页	志达（宽祥）	乙册	3106页
志宾（松桂）	庚册	(2)19页	志达（苏尔发泰）	丁册	8540页
志宽（文奎）	庚册	(1)459页	志道（恩哥）	丁册	6651页
志宝（郁阿）	丙册	5866页	志道（裕宜）	丁册	8699页
志璧（善齐）	甲册	1441页	志德（隆昌）	丁册	8806页
志保（善卿）	丁册	8077页	志登安（智勋）	庚册	(2)183页
志保柱（赫特宜）	丁册	7855页	志端（祥佑）	甲册	2052页
志本（德馨）	丁册	2280页	志怀（宝第）	丁册	7392页

1038

含有"志纯"的索引项

喜非常。于是把祖父耆生在《宗谱》中的位置（乙册 2769 页）也记录了下来，祖父和父亲的详细资料在《宗谱》的同一页上。

喜	546	璞	587	羌	604
帕	46	酻	587	强	604
pan		谱	587	墙	604
盆	546	Q		qiao	
pang		qi		乔	604
劳	546	七	587	qin	
pei		齐	589	亲	604
垮	546	其	591	钦	604
裵	546	奇	591	勤	604
沛	546	岐	593	qing	
霈	547	耆	593	青	605
佩	547	淇	595	卿	605
珮	547	琦	595	清	611
peng		琪	595	晴	611
朋	547	棋	595	庆	
彭	547	祈	595	qiu	
鹏	547	崎	596	邱	629
pi		棋	596	秋	629
丕	548	麒	596	球	629
pian		杞	596	qu	
偏	548	启	596	衢	029
pin		棨	602	quan	
品	548	乞	602	全	629
ping		qia		铨	638
平	548	恰	603	权	638
评	550	洽	603	泉	638
po		qian		que	
坡	550	千	603	确	638
颇	550	迁	603	qun	
pu		谦	603	羣	638
仆	550	蒨	604	群	638
菐朴	550	乾	604	R	
菩	551	潜	604	rang	
溥	568	qiang		让	638
				rao	

9

姓名	父名	册次	页码	姓名	(父名)	册次	页码
耆昌	(双全)	己册	1807页	耆年	(定坤)	甲册	2000页
耆昌	(铁福)	甲册	2158页	耆年	(桂格)	甲册	2105页
耆昌	(英彬)	乙册	4214页	耆年	(龄祥)	庚册	(1)899页
耆春	(广振)	戊册	(1)1232页	耆年	(庆炳)	丙册	5300页
耆春	(联勋)	丙册	5607页	耆棠	(宜昆)	丙册	6126页
耆存	(忠厚)	丁册	7389页	耆勤	(存瑞)	丙册	4368页
耆德	(丰存)	乙册	2770页	耆棠	(咸定)	丙册	5527页
耆恩	(佑伦)	丙册	4535页	耆璧	(枫璧)	甲册	1417页
耆发	(德春)	丙册	4926页	耆福	(格格)	甲册	2104页
耆福	(德春)	丙册	4925页	耆清	(禅清)	丁册	7191页
耆庚	(庆恩)	丙册	5099页	耆桂	(桂果)	甲册	2085页
耆光	(桂烈)	甲册	2106页	耆森	(俅山)	甲册	2086页
耆厚	(德保)	庚册	(1)97页	耆寿	(丰存)	乙册	2769页
耆厚	(延年)	乙册	3354页	耆寿	(阿克敦)	己册	2414页
耆焕	(宜通)	丙册	6122页	耆寿	(布拉德)	丙册	5159页
耆俊	(普存)	丙册	5078页	耆寿	(谨室)	丙册	5700页
耆恺	(凤惠)	丙册	4926页	耆寿	(桂岑)	丁册	8739页
耆康	(焕福)	戊册	(2)563页	耆寿	(桂格)	丁册	2104页
耆康	(铁福)	甲册	2168页	耆寿	(花沙布)	丁册	8384页
耆康	(铁柔)	甲册	2170页	耆寿	(纳福)	戊册	(2)563页
耆康	(祥来)	乙册	3515页	耆寿	(廉至)	丁册	8367页
耆科	(元普)	己册	2212页	耆寿	(庆文)	丁册	7764页
耆龄	(成仲)	丁册	/44/页	耆寿	(宜通)	丙册	6121页
耆龄	(纯璧)	甲册	1416页	耆顺	(莫尔庚布)	戊册	(2)391页
耆龄	(德长)	丙册	5883页	耆顺	(扎拉丰阿)	戊册	(1)328页
耆龄	(定瑞)	甲册	1994页	耆五	(海望)	丙册	4926页
耆龄	(教厚)	戊册	(3)184页	耆详	(德春)	丙册	4925页
耆龄	(凤禄)	丙册	5074页	耆祥	(德春)	甲册	2157页
耆龄	(善康)	己册	1617页	耆阳	(荣元)	丁册	7738页
耆龄	(铁山)	甲册	2086页	耆祥	(凤贵)	丙册	5073页
耆龄	(文俊)	己册	70页	耆续	(德保)	庚册	(1)97页
耆龄	(祥岳)	戊册	(1)419页	耆英	(恩常)	乙册	2788页
耆龄	(宜高)	丙册	6131页	耆英	(善丰)	丁册	7181页
耆龄	(英文)	丁册	8469页	耆祿	(禄康)	丁册	7184页
耆志	(宜志)	丙册	6131页	耆英	(庆恩)	丙册	5100页
耆龄	(德普)	丙册	4925页	耆瑛	(宜昆)	丙册	6128页
耆明	(铁福)	甲册	2158页	耆革	(宜昆)	丙册	6129页
耆明	(宜昆)	丙册	6128页	耆革	(宜钟)	丙册	6124页

594

在检字表中查到"耆"字的页码在 593 页　　在《索引一》594 页查到"耆生"

4. 寻根问祖

用同样的方法，通过《索引》把曾祖、高祖及以上各辈祖宗一一查找了出来，当看到最后的两个名字"杜度"和"褚英"时，真是激动万分，原来自己是努尔哈赤长子褚英、长孙杜度之后，也是康熙朝的名臣阿布兰的后人。我终于找到了自己的根，知道了自己的祖宗是谁。

5. 到《宗谱》中去查询各代祖宗的详细资料，依据《索引》中记录的各代祖宗们列于《宗谱》中的册别和页码，把各代祖宗的详细资料一一查出并记

录下来。我把二叔生前转交我保存的几页家谱残页，和《宗谱》中的信息一一对照，发现除了《宗谱》中不列女儿的信息，而我家里保存的家谱中尚有女儿的信息之外，其他都是一致的。至此，《宗谱》开启的寻根之旅圆满结束，这要特别感谢常林先生，他编制的《索引》，让我仅仅用了不到一天的时间，就把家族的历史梳理清楚了。

《宗谱》2769 页，包含我父亲和
祖父的信息

《宗谱》2770 页，我父亲和
祖父的信息延续到此页

　　6．进一步印证家族的历史。因为从《宗谱》查出的父亲和祖父两代人的名字、生日及祖母等资料一一吻合，加之我所保存的家谱残页中的信息与《宗谱》中的信息也全部一致，所以，对于自己的家世应该已经可以确认无疑了。但除此之外，还有旗籍、祖宅和祖坟等信息，这些信息可以用来进一步佐证家族的支系和历史。实际上，在明确了家族的支系以后，这些资料便也十分清楚了。首先，我们的祖宗杜度原来是镶白旗的第一任旗主，后来调到镶红旗，这是清史中非常明确的史实，《清史稿》和很多史籍中均有记载，所以我们家镶红旗的旗籍也便是顺理成章的了。通过进一步查实，得知我们的祖宗，杜度的第七子萨弼在北京的府邸是在老莱街月台大门，那也正是从小家里老人常对我提起的祖宅，父亲还曾带我前去寻访过。另外，北京羊坊店地区现在还有一条街道叫双贝子坟路，这双贝子之一，便是我们的祖宗萨弼，而坟茔所在地便是家里老人曾对我提及的羊坊店北蜂窝地区。关于月台大门的祖宅和羊坊店的坟地，爱新觉罗族史专家冯其利先生都有专文论述。

　　这样，面对从《宗谱》中查出的我们家族的信息及一系列旁证资料，关于我的家族根系、我的祖先等一系列问题都得到了明确无误的答案，当然其中最重要的线索和信息来自我们的家谱——《爱新觉罗宗谱》。

　　　　　　　　　　（文中有些插图来自常林先生，在此表示感谢！）

满族、八旗及爱新觉罗氏族一些问题释疑

赵允溪

朋友聊天时，涉及满族、八旗和爱新觉罗，常会有各式各样的疑问，反映出有相当一部分人对这些问题是不清楚的，持有不正确的认识，在这里选择了一些问题，予以简单解释。

一、旗人就是满族人吗？

有人说旗人是满族人的另一种称呼，所以旗人就是满族人，这种说法对吗？那我们得说说旗人这个名称的来历。在统一女真各部的过程中，努尔哈赤与弟弟舒尔哈齐及其（努尔哈赤）长子褚英最初以黄、白、蓝三种旗色为标志，将自己的人马组成三支军事力量，三旗分别由努尔哈赤、舒尔哈齐和褚英统领。三旗在早期的征战和执政中积累了宝贵的军事、政治经验。1601 年清太祖努尔哈赤正式开创旗制，建制时设为四旗：黄旗、白旗、蓝旗、红旗。1614 年将四旗改为正黄、正白、正红、正蓝，并增设镶黄、镶白、镶红、镶蓝四旗，合称八旗。八旗是当时的军队组织形式，实际上也是社会组织形式。因为当时不仅本部族的人全都隶属于八旗，归顺来的各部族的人也都要隶属于八旗的组织、管辖之下，所以八旗内的人都称为"旗民"或"旗人"，也称为"在旗的"。作为八旗中的世袭职业军人，其家属也归所在的旗管辖和赡养，旗

下男人并非都是军人，在编的军人是有数的，或到战时根据需要按户征兵，通常 17 至 60 岁男子均在征兵之列，军人若是阵亡，兄死弟继，父死子继。但不管是不是军人，当时后金的所有军民，都隶属于八旗，都是旗人。旗人中有归顺的女真各部族、汉人、蒙古人等等，后来还单独扩编有汉八旗和蒙古八旗等等。天聪九年（1635）十月十三日，为了加强凝聚力和归属感，皇太极废除了原来对于女真的诸多旧称，将族名定为满洲（1949 新中国成立后简称满族），这才有了满洲这个名称，满洲或满人中其实包括了当时旗人中不同部族甚至种族的人。当时的观念是：既然我们同属于八旗，那么以后我们都同属于满洲，这是一种民族的融合。从名称上讲，旗人之名的出现要早于满人（即满洲人），更早于满族。既然满洲融合了当时所有的八旗军民（包括原有的八旗以及后来经过扩充的汉八旗、蒙古八旗等等），所以满人（即满洲人）全部都是旗人，按这个道理，旗人也应该都是满人（即满洲人），但实际上并非如此。在清室逊位后直至现代，那些原来不属于女真部族的其他种族的旗人，比如来源于汉人和蒙古人的旗人，有认同自己是满族的，也有不认同自己是满族的（1949 年后这些不认同自己满族身份并且还记得自己原来身份的，有不少回归了自己原有的民族）。随着时间的推移，满人（满族人）和旗人已经是两个不同的名词。满族是国家认定的五十六个民族中的一个民族，主要以原来生活在东北地区的女真众多部落集合为主体的民族融合体，而旗人则成了一个历史词汇，仅仅是在特定历史时期使用的词汇，两者已经是完全不同的两个概念。现代的情况就更复杂，随着现代我国各种民族优待政策的出现，比如前些年有段时间在考学时出现的少数民族可以加分的政策，以及如果祖父母和外祖父母四个长辈中有一位是满族，这孩子便可以填报满族的政策，使得满族人口急剧增长，这些填写满族的人中，有些按惯例不应属于满族，当然其祖上也并非是旗人。抛开这种情况和极少数特例，我们可以说，满人（满族人）及其祖辈应该都是旗人，但旗人及其后代并非都是满人（满族人）。

二、姓爱新觉罗的一定是正黄旗吗？

当听到有人姓爱新觉罗时，大家常会说，那你是正黄旗吧。好像姓爱新觉罗的一定是正黄旗人，这明显是错误的，姓爱新觉罗者可以是八旗中任何一旗的，不一定是正黄旗。八旗（这里主要指满八旗）旗主自始至终都姓爱新觉罗，这应该是没有疑问的。八旗建制早期，八旗旗主大致是这样的：

正黄旗和镶黄旗，由努尔哈赤亲领；

正白旗和镶白旗，创建白旗时，旗主原为褚英，褚英被监禁后曾由其子杜度代理，扩展为八旗时，白旗分为正白旗和镶白旗，正白旗由皇太极任旗主，镶白旗由杜度任旗主；

正红旗，由努尔哈赤的次子代善任旗主；

镶红旗，由代善的长子岳托任旗主；

正蓝旗和镶蓝旗，创建蓝旗时旗主原为舒尔哈齐，舒尔哈齐死后，由舒尔哈齐的次子阿敏任旗主，扩展八旗时，蓝旗分为正蓝旗和镶蓝旗，正蓝旗由努尔哈赤的第五子莽古尔泰任旗主，镶蓝旗由舒尔哈齐的次子阿敏任旗主。舒尔哈齐为努尔哈赤之弟。

努尔哈赤之后，各旗旗主的归属有过多次变化，但各旗旗主都姓爱新觉罗，这一点始终没有变。旗主是哪个旗的，他的家人及后代子孙就隶属于那个旗，除非发生调动。因此姓爱新觉罗的可以是八旗中任何一旗的人，并非一定是正黄旗。拿我家来说，杜度是我们的先祖，杜度是褚英的长子、努尔哈赤的长孙。杜度原是镶白旗旗主，如果没有变动，我家就应属于镶白旗。但杜度后来从镶白旗调入镶红旗，于是我们这个家族从此就隶属于镶红旗了。

所以，可以肯定地说，并非姓爱新觉罗就一定要在正黄旗，姓爱新觉罗者可以在八旗中的任何一旗。

三、正黄旗是八旗中最尊贵的吗？

误认为爱新觉罗氏一定是正黄旗的人，往往还有一个困惑，就是认为正黄旗是八旗中最尊贵的，是八旗中的第一旗，既然姓爱新觉罗，是皇族，就应该属于最尊贵的正黄旗。事实是这样的吗？当然不是。如果要问八旗中哪一旗最尊贵，答案是八旗中没有哪一旗比别的旗更尊贵，八旗是平等的。

八旗中有上三旗之说。顺治七年（1650）多尔衮死后，顺治为了加强对八旗的控制，对八旗进行了调整。由皇帝亲自统领的镶黄、正黄、正白三旗，称为上三旗；由诸王、贝勒统辖的正红、镶红、正蓝、镶蓝、镶白五旗，为下五旗，此制一直未改。另外，八旗的排序是：镶黄，正黄，正白，正红，镶白，镶红，正蓝，镶蓝。头旗是镶黄旗，而不是正黄旗，这个顺序，并不是随意写的，而是满洲八旗正规的排列顺序，排列时分左右翼，左翼镶黄，正白，镶白，正蓝；右翼正黄，正红，镶红，镶蓝。这在一些地方的八旗驻防图上标注得非常清楚，满、蒙、汉八旗在行军、驻防时均有固定的方位，皆依"五行"说部署。在《八旗通志》中有如下记载："两黄旗位正北，取土胜水。两白旗位正东，取金胜木。两红旗位正西，取火胜金。两蓝旗位正南，取水胜火，水色本黑，而旗以指麾六师，或夜行黑色难辨，故以蓝代之。"

排在八旗之首的是镶黄旗，而不是正黄旗。有人说头旗是正黄旗，那是不对的，镶黄旗才是八旗的头旗。在清朝官方文件中八旗的排列顺序是极其严格的，这是不能错的。上三旗由当朝皇帝亲统，因此没有旗主，因为旗主一般不是亲王就是郡王，所以才有上三旗无王一说。虽然八旗中有头旗和上三旗和下五旗之说，但实际上八旗并无贵贱高下之分，八旗地位是平等的。只是上三旗是由皇上亲自统领，头旗是队列之首而已。当然八旗各旗的人员编制、装备甚至战斗力还是有差异的，之所以形成差异，可能与历史因素和布防位置有关。但无论从哪方面说，上三旗也并非一定优于下五旗，头旗镶黄旗也并非是最尊贵的，更何况正黄旗。

四、八旗中的正黄旗、正白旗、正红旗和正蓝旗中的"正"是否应该写作"整"？镶黄旗中的"镶"是否应该写作"厢"？

满语"gvsa"是旗的意思。"Gulu"是"纯""素"的意思，也就是单一颜色的意思，或者说整张是同一颜色的意思，而镶旗的满文为"Kubuhe gvsa"，

"Kubuhe"为"镶边的"意思，与"整张的"相对，很显然，八旗中应该用"整"来对应"镶"，那就应该是镶黄旗、镶白旗、镶红旗、镶蓝旗和整黄旗、整白旗、整红旗、整蓝旗。

但在实际应用中，经常是整、正不分，镶、厢不分，即使在清朝的正式行文中也在所难免，于是造成很多误会。有人觉得正黄旗、正白旗、正红旗、正蓝旗这四旗中均有一个"正"字，于是理解为正副之正，总觉得"正"要在"镶"之上。其实这是一个极大的错误，从意义上讲，这里的"正"实在是"整"之误，顶多算是通用或简化借用而已，即使写作"正"，在这里一定要读为第三声 zhěng，老旗人都这么读，一直沿用至今。这个字的意思很清楚，这四旗的旗子是用整张的单色布料绣上龙的图案制成的，正好与镶了边的旗子的"镶"字对应，唯现代语言学界依照习惯，在权威词典中将八旗定为"正"和"镶"，这个"正"字实际上是约定俗成，以误为正了，但还是应该作为多音字保留"zhěng"的读音。我们可以通过一些渠道，争取语言学界的重视，将"正"恢复为"整"，但现在也只好按当前的标准使用"正"了。但不管怎么说，"正"与"镶"之间并无高下之分，仅仅是把本来一种颜色的旗子分成两种而已。

五、黄带子和红带子是怎么回事？

一说姓爱新觉罗，有人就说你是皇族啊！皇族应理解为与皇上同属一族，都姓爱新觉罗，那姓爱新觉罗是否就都是皇族了呢？答案是否定的。这里有两个问题，一个是在姓爱新觉罗的族人中如何界定皇族，另外一个问题是在划定的皇族中如何界定与皇家关系的远近。

大清《玉牒》中是用"宗室"和"觉罗"来界定皇族的。这不仅解决了皇族从哪儿算起的问题，也部分地解决了界定皇族与皇家关系亲疏远近的问题。

宗室是指皇家的本支，觉罗是指皇家的旁系。大清的王业是努尔哈赤开创的，所以《玉牒》中是以努尔哈赤之父塔克世开始算为本支的，即以努尔哈赤父亲塔克世的后世子孙，也就是以努尔哈赤及其亲兄弟们的后裔为本支，《玉牒》中称本支为宗室。《玉牒》中是以努尔哈赤之父塔克世的叔伯兄弟为旁支，即以努尔哈赤曾祖福满（兴祖）的宗室以外的后世子孙为旁系，《玉牒》中称旁系为觉罗。

宗室和觉罗规定了皇族的范围，宗室和觉罗之外的爱新觉罗，即努尔哈赤的曾祖福满以外的各支及其后代子孙，就不能算是皇族，只能算是同姓了。所以，并不是所有的爱新觉罗都是宗室，宗室之外，还有觉罗。除此之外，也还有既不是宗室，也不是觉罗的不记入《玉牒》的爱新觉罗，这些爱新觉罗不能视为皇族。这就解决了皇族从哪儿算起的问题，可以视为根据与皇家关系远近对爱新觉罗族群进行的第一层划分。这层划分界定了皇族与非皇族的界限。

而宗室与觉罗的划分，是对爱新觉罗族群进行的第二层划分，这层划分，分出了皇族的本支和旁系，宗室是本支，觉罗是旁系。宗室配黄带子，觉罗配红带子，以显示不同的身份与地位。宗室和觉罗的成员全都记入《玉牒》，宗室入黄档，觉罗入红档。这样，黄带子与红带子又分别成了宗室与觉罗的代名词。

六、近支宗室和远支宗室

实际上对皇族的级别划分还远未结束，宗室又依据与皇帝血缘关系的远近，分为近支宗室与远支宗室。近支是指皇帝的直系本支，包括当朝皇帝自己的后裔及兄弟的后裔，此外均为远支。这个说法比较含糊，这里的皇帝指的是谁呢？好在清朝只有十位皇帝，这里的皇帝指的应该是雍正，也就是说，可以用一个简单的方法来判断远近支，那就是康熙的后代子孙，皆属近支，其余的宗室均属远支。

正如前文所述，爱新觉罗家族原本并无按照辈分命名的习惯，康熙朝才开始采用汉人按辈分取名的方法。康熙二十年（1681），康熙对其后代子孙的命名做出规定（注意，这些规定只适用于康熙家，即康熙的后裔），康熙儿子辈用"胤"字，如雍正的名字为胤禛，孙子辈用"弘"字，曾孙辈用"永"字。乾隆时，又根据他作的一首诗中的"永绵亦载奉慈娱"一句，因其首字为"永"，遂取了其后的"绵""亦""载"，接续在"胤""弘""永"之后，成了六个字。道光时添了"溥""毓""恒""启"，咸丰时添了"焘""闿""增""祺"。这 14 个字在清光绪三十二年（1906）写在《玉牒》上，定为字辈序和字辈数。在 1938 年续修《爱新觉罗宗谱》时，溥仪又添了 12 个字："敬""志""开""瑞""锡""英""源""盛""正""兆""懋""祥"。

这样，爱新觉罗氏宗室辈分排字一共为 26 字：

胤（yìn）、弘（hóng）、永（yǒng）、绵（mián）、奕（yì）、载（zǎi）、溥（pǔ）、毓（yù）、恒（héng）、启（qǐ）、焘（tāo，或 dào）、闿（kǎi）、增（zēng）、祺（qí）、敬（jìng）、志（zhì）、开（kāi）、瑞（ruì）、锡（xī）、英（yīng）、源（yuán）、盛（shèng）、正（zhèng）、兆（zhào）、懋（mào）、祥（xiáng）。

其中"焘"字的读音，不少老族人都读作 dào，但当前的权威字典中"焘"字均只标有一个读音，即 tāo，暂无进一步确定其读音的依据，此处存疑。

还有人在"胤"字之前，补了六个字"觉""塔""努""皇""福""玄"，称前六字，续修《宗谱》时似未被认可。

雍正帝胤禛登基后，为避讳，其兄弟名字中的"胤"字一律改为了"允"字。乾隆帝弘历即位后，不要求兄弟避讳。乾隆传位给永琰时，为避免永琰兄弟改名，反将永琰改名为颙琰。道光沿用此例，继位后自己改名为旻宁。

康熙帝规定了子孙的命名排辈字，这就在事实上确定了划分近支宗室和远支宗室的一个方法，凡是可以使用排辈字命名的便为近支宗室，凡是不可以使用排辈字命名的便为远支宗室，这在宗人府及其编纂的《玉牒》中是极其清楚的。如果大清朝并非十帝而终，往后排，原有的近支也许会变为远支，因为随着时间的推移，原来近的必然会逐渐变为远的，到那时宗人府自会有新的规矩，但现在，远近支的划分是十分清楚的，不必为此而犯难。这是对所谓皇族的第三层划分，也就是在宗室中依据与皇家关系的远近划分成近支宗室和远支宗室。

只要是宗室，无论远近，列入《玉牒》时，都要依字排列，这是《玉牒》

的编纂规矩。同一祖宗，各支后裔的辈分必须排列清楚，既然近支有排辈字，用来排辈十分清楚简单，所以在《玉牒》中，就一律采用排辈字来排辈分，无论远近。在日常生活中也是如此，远支宗亲见面也经常听到有人说"我是启字辈的，您是哪一辈的"之类，也要论一论各自是什么字，属于哪一辈。所以，虽然是远支，但在家谱中排位、论辈分，都要借用排辈字。

但名字中用排辈字，仅限于近支，远支不能用。有人说近支必用，远支不受此限制，可用可不用，此说不对，应该是远支不允许用。在《光绪会典事例·卷一》中便有明文规定："只有近支宗室，才能依此命名，其支脉稍远者，命名即不得依此行辈。"除此之外，皇上对于当时有些远支子弟起名时乱用钦定排辈字所做的斥责也可为证。我也见过有的远支宗室家族有自己家族的排辈字。

在没有自己家族排辈字的远支男丁的名字中，有如下一些现象，也是很常见的。一个是在名字中使用与辈分排字谐音或读音接近之字，二是把排辈字用在不该用字的位置上，这样名字中既有了排辈字，但还不算用字。比如名字中第一字应该用字，但不用，而用在第二个字上。比如我祖父是启字辈的，他名耆生，耆、启同音；我四爷名正启，该用字的位置用了"正"字，而把"启"字用在了后面。在我八个爷爷的名字中，不是不在位置上用启，就是至少有一字与启同声。这些现象在远支名字中很多，在宗族谱中似乎随处可见。

七、近支宗室中的近派宗支

事情到此还没有完结，近支宗室中也还有远近，这个远近也还是要论的。这在晚清，皇室男丁不旺，随时要找皇位继承人，就显得尤为重要，什么人才有继承皇位的资格呢？于是在近支宗室中又划分出一脉"近派宗支"。这事还得从康熙说起。康熙在世的时候，已经见到了曾孙，所以他不仅为其儿子、孙子和曾孙留下了三个字，即胤（允）、弘、永，同时还规定了名字的后一字（名字一般用两个汉字，第一个汉字用钦定排辈字，这里说的是第二个字）的偏旁必须分别为礻、日、王字旁。即胤（允）字辈名字的第二字必须是礻字旁，弘字辈的第二个字必须是日字旁，永字辈的第二个字必须是王字旁。这就是所谓的钦定偏旁。后续的皇帝规定的钦定偏旁分别是：绵字辈用心字旁，奕字辈使用讠字旁，载字辈使用氵字旁，溥字辈使用亻字旁，毓字辈使用山字旁，恒字辈使用钅字旁等。实际上受逊位的影响，即使在近派宗支中，恒字辈使用钅字旁也并未排开。实际上在乾隆朝，就已经规定钦定偏旁只在当朝皇上的同祖父的一辈使用，换句话说，即和当朝皇上同辈分的近支宗室中，与皇上是一爷之孙的才算得近派宗支，这是很严格的。关于这一点，在乾隆及其后继的皇帝的旨意中多有所见。因此，能在命名时使用钦定偏旁和不能使用钦定偏旁，这就成了近支宗室的又一层划分。能使用钦定偏旁的是所谓的"近派宗支"，不能使用钦定偏旁的是一般近支宗室。关于钦定排辈字和钦定偏旁的规定，还有许多周折与细节，但结果即如上所述。到了晚清，奕字辈可以使用钦定偏旁的是嘉庆帝的直系孙辈，溥字辈可以使用钦定偏旁的仅为咸丰的直系孙辈，由于皇室子嗣不力，能使用钦定偏旁的已经不多了，换个角度说，近派宗支在特殊情况下具有可以继承皇位的资格。近支宗室中进一步划分出近派宗支，这是对皇族根据关系远近所做的第四层划分。

至此，皇族的远近关系的几个层次就清楚了，同为爱新觉罗，离皇上最远的，连觉罗（即红带子）都不是，那就不在皇族之内了。再近一点的是觉罗，即红带子，是皇族的旁系，入得了《玉牒》，算是在皇族的门里了。再近一步，就是宗室，是皇家本支，算是正经八百的皇族，都是努尔哈赤及其兄弟的子孙。但大清朝近三百年，这么长时间，即使是本支也生出远近来了，于是便有近支宗室和远支宗室之分，康熙的后代子孙便算是近支，其余均为远支。近支宗室命名的时候名字的第一个字要使用钦定排辈字。再往近里说，与当朝皇上平辈的宗室，如果与皇上是一爷之孙，那便是近派宗支。近派宗支命名时不仅要使用钦定排辈字，还要在名字的第二个字上使用钦定的偏旁。

八、宗室和封爵

宗室和觉罗是爵位吗？是皇族就有爵位吗？其实皇族中的封爵并不普遍，

无论是宗室还是觉罗，都有封了爵位的和没有封爵位的。在宗室中封有爵位的比例并不高，有人统计在6%左右，而在觉罗中就更少了，整个大清也就那么几个。

大清爵位主要分为三个系列：宗室爵位、异姓功臣爵位和蒙古爵位。这里只说宗室爵位。

宗室爵位又称宗室觉罗世爵，只授予爱新觉罗氏族人，由宗人府审查、认定和掌管，高级爵位的封爵和承袭，经宗人府审查后，还要由皇上御批认定。宗室爵位有功封、恩封和考封之别。宗室爵位分为十几等，按从上到下的顺序主要为：和硕亲王、多罗郡王、多罗贝勒、固山贝子、奉恩镇国公、奉恩辅国公、不入八分镇国公、不入八分辅国公、镇国将军、辅国将军、奉国将军、奉恩将军。奉恩将军以下的宗室便是无爵位的闲散宗室，享四品官待遇。

爵位世袭分为降等世袭与世袭罔替。降等世袭，即每承袭一次要降一级，但降至一定的爵位后（亲王降至镇国公，郡王降至辅国公，贝勒降至不入八分镇国公，贝子降至不入八分辅国公，镇国公降至镇国将军，辅国公降至辅国将军）便不再降，以此爵位承袭。世袭爵位，一个爵位仅授予一位有资格承袭爵位的后裔，特殊情况下，有由其兄弟承袭的情况，但必须由宗人府认定。世袭罔替，即不降等以原爵位承袭，常用"铁帽子"来形容，但数量极少，整个大清朝，前后只有十二家"铁帽子王"，而且均为亲王、郡王级别，贝勒与贝子未见有获封世袭罔替者。不过要说明的是，即使是铁帽子王，如若获罪，一样降级或削爵，该治罪一样治罪。

清朝对于诸代王子及亲王、郡王、贝勒等高爵位宗室后裔的封爵管理是十分严格的，康熙曾下令让亲王和郡王诸子的封爵都降一级，又曾规定，应封爵者，要经过满语和骑射的考试才能封爵，成绩优异者可按例封爵，成绩平平者降一级封爵，成绩差的降两级。雍正、乾隆朝，这种"考封"制度更加严格，更加完善。对于考试成绩极差者，降至无爵可降时，要予以停俸的惩罚。应降一级者停俸两年，应降两级者停俸三年，应降三级者停俸四年。

清朝的封爵制度，有效抑制了封爵宗室的增加，限制了王子及高爵位后裔的骄奢淫逸，也削弱了封爵宗室对皇权的威胁，应该说清朝的封爵制度是有效的、成功的。

九、关于爱新觉罗族人的命名

这里说的是现代爱新觉罗宗亲的命名问题，首先声明，在现代中国，姓名权是公民的一种自由，对于公民的命名，当前的法律并无硬性规定，仅规定公民可以随父姓也可以随母姓，具有自主选择的权利，并不是硬性规定。我见过周围有人给自己起了个很古怪的名字，在派出所也得到登记确认，所以，据我所知，现代中国人在命名方面享有很大的自由。

近年来，有些爱新觉罗宗亲在给后代取名或者给自己改名的时候，常以爱新觉罗为姓，而且无论远支近支，常使用排辈字命名，当然这些宗亲绝对有这个自由和权利，确实可不受旧例约束。这样命名，大概是想依据祖制，在名字上体现自己是爱新觉罗的子孙，获得爱新觉罗宗支的认同感，如果是这样，那还真应该知道一下这里头的规矩，依规矩行事为好，也算是对祖制的尊重。若连祖制都不尊重，何来爱新觉罗宗支的认同感？远支宗室乱用康熙钦定排辈字的，近年来大有人在。但族人应该了解，使用钦定排辈字是有规矩的，规矩便是只能在近支宗室中使用，上文已有详述，此处不再重复。

以爱新觉罗为姓，后面加个中圆点，中圆点后再用名，这样的用法合不合适？这个问题很复杂，有的族人无奈地默认，有的族人拒绝这样的方式，认为这样的方式不符合爱新觉罗族人用姓的习惯，启功先生就是如此。在大清皇帝未逊位时，满族人的传统和习惯是只用名，不用姓，更不冠以汉姓。但民国之后就不同了，民国后的政府和媒体，包括满人自身，都依据汉人的习惯，在名前冠以汉姓。对于当时的皇室名人，媒体往往在他们的名字前加上爱新觉罗，并用中圆点分隔，以示其皇族身份，这样的用法对于爱新觉罗族人来说往往是被动的，大多数人并未像启功先生那样拒绝接受，而是无奈之下采取了默认的态度。可能有些人觉得，既然老姓确实是爱新觉罗，标出来也无妨，于是就形成了一种固定的用法，然而这种用法并不符合满族人的传统。新中国成立后，人们基本沿袭了这种名字前加上"爱新觉罗"的用法，但也仅限于见诸媒体的爱新觉罗名人。也许政府想以此强调民族政策，表明爱新觉罗族人也在积极参与社会活动，然而大多数族人还是使用名前冠汉姓的普通命名方式。满族族人如何冠汉姓？冠什么汉姓？从民国初年使用汉姓之始便无定规，可以说有很大的随意性。有指名为姓的方式，有的采用本家族约定俗成的汉姓，有的采用与满姓谐音的字为姓，甚至有报户口时随意取姓的情况。一个家庭中亲兄弟采用不同汉姓的情况也有。

近年来情况有所不同，姑且不提有些人，即使不是爱新觉罗的后裔，甚至不是满族人，却为了某种目的，用爱新觉罗及排辈字命名，冒充爱新觉罗近支族人，编造自己是某某之后，为爱新觉罗一族抹黑，在社会上造成极坏的影响；单说有些爱新觉罗族人，他们确实是爱新觉罗的后裔，多数出自远支闲散宗室，也要用爱新觉罗和排辈字命名，不排除个别人是为了显示自己出身显赫，虽然这是他个人的自由，但他们无形中和那些假冒之人沆瀣一气，推波助澜，也是不值得效仿的，还是按照规矩来命名为好，当然这只是我个人的意见。

论谱说史

——《后金杜度家族人物史略及其直承后裔谱志》读后（代编后记）

孟繁之

年近九十高龄远在广州的金承涛先生，以数年之力，编成其族《后金杜度家族人物史略及其直承后裔谱志》，嘱余在最末说几句话。以区区曾襄助金先生编纂是稿，几次得睹全文，见证是稿编纂经过，自是责无旁贷。但自何角度谈，不免踌躇良久。现就读此谱志的感触，从谱志体例与历史书写、家族史研究中的大历史视野及文化与家族传承三个方面，谈谈自己的感想。

（一）

"总领黎庶，则有谱籍簿录。"这是刘勰在《文心雕龙》里的话。纵观古今中外，家谱（genealogy）始终是人类以血缘为核心的亲缘关系的投影。作为家谱核心和基本内容的"世系认同"（lineage identity），是人类为求生存和发展需要而产生的伦理法则之一，古今同理，中外等义。中国之谱牒学，最远可追溯至《世本》，然普遍认为，自司马迁《史记·三代世表》和《五帝本纪》开始，方开创后世家谱修撰和姓氏研究之先河。之后历经东汉，迭经魏晋南北朝，一直至隋唐，随门阀政治，莫与之盛。朝廷亦特设专门之机构——图谱局，凡涉及朝廷用人及人事铨选，必先稽考其谱籍。如郑樵《通志·氏族略》即谓："自隋唐而上，官有簿状，家有谱系，官之选举必由于簿状，家之婚姻必由于谱系。历代并有图谱局，置郎、令史以掌之，乃用博古通今之儒知撰谱事。凡百官族姓之有簿状者则上之，官为考定翔实，藏于秘阁，副在左户，若私书有滥，则纠之以官籍；官籍不及，则稽之以私书……所以，人尚谱系之学，家藏谱系之书。"

唐以后，随着门阀世族瓦解，特别是科举取士逐步定型以来，朝廷用人，开始侧重考试，重策论而轻门庭，从而引发中国思想文化史上深刻的"裂变"，此即世之所谓"唐宋变革"，影响方方面面。而修撰谱牒，亦由朝廷掌管转向民间私修，世风丕变。如欧阳修所作《欧阳氏谱图》，苏洵所撰《苏氏族谱》，被后世公认为编纂族谱的范本，亦奠定了后世民间修谱的基本格局。至明清及近代，几乎是家家问谱牒，身身重乡贯。

宋以来的谱牒修撰，均以族为单位，强调以"尊祖、敬宗、收族"为其主要内容，重在"敬先睦族，无贵贱一，昌大门闾，光前裕后"，其他则为序亲疏、敦人伦、别婚姻、厚风俗、禁止子弟不端等。总而言之，其主要功用即是"显扬祖德，教诫子孙"，要使：（一）其族源、族祠有牒谱可考；（二）族内先代忠义节孝、懿德善行之可记；（三）后嗣子孙毋忘祖宗创构之艰、天道报应之理，而益励其操修，以永无坠焉。此一方面，固然是为家族昌盛久安之计，另一层面，亦是社会、家族一体，属于旧时整个社会纲纪体系、等级制度、伦理观念、社会阶层升降的一个核心环节，以辅正教。族谱修撰的背后是整个家族，是整个家族在社会及朝廷的位置。祖先仪型乡国，范式后世，而后起子弟，亦须知进退廉耻、忠孝道义，彬彬然头角峥嵘，如此方可"人文蔚起，服畴食德"。

族谱修撰，世俗一般是三十年一小修，六十年一大修，以三十年为一世，六十年人事莫辨矣。如果没有按时进行，即被认为有不孝之罪。其体例，即为考亭（朱熹）所云："序昭穆，别疏戚，因流溯源，由本达枝，作谱以传，庶几不忘本也。"一般包括谱名、谱序、凡例、谱论、先世遗像、恩荣录、族氏源流考、先世考、族规家法、祠堂、五服图、世系、传记、族产、契据文约、坟茔、年谱、吉凶礼、艺文、名绩录、仕宦记、字辈谱、续后编、领谱字号等内容。其中谱名、谱序、遗像、先世考、世系、传记、字辈谱为常见的内容，也是各种宗谱的核心。谱名，为区别同姓他支计，一般系以地名或地望，如晚清重臣周馥家族于宣统二年（1910）修他们的族谱时，即名之为《安徽建德县纸坑山周氏宗谱》，以同县尚有其他周姓也，故别之以小地名。谱序，即一部宗谱的序言，一般放在宗谱的首位，少则两三篇，多则数十篇，内容包括修谱缘由、修撰目的、修谱经过、修谱人员、家族历史渊源、迁徙经过、郡望堂号、历代修谱情况及谱学理论等。由于请来作序之人都有一定之地位及身份，甚至有的还出自于当世鸿儒名士之手，故而谱序的文辞一般是质量极高的，谱牒研究者甚至认为谱序是一部宗谱上的"金色饰物"。凡例，顾名思义，是阐明一部宗谱的纂修原则和体例。谱论，则是收录古人关于宗谱修撰的意义和作用之论述。恩荣录，则主要包括朝廷和地方官府赠贴的光耀家族门楣的敕书、诰命、赐字、匾额，或御制谥文、碑文等。先世考，则是对家族血统源流的考证，使族人知其族何时自何地迁来，知其本初。族规家法，是宗族自己制定的约束和教化族人的家族法规。遇到不触犯国家大法的事，一般在自己族内解决，勿讼之公庭。如《安徽建德县纸坑山周氏宗谱》所列"家规十八条"，即专门有一条"息讼端"，言："族中倘有礼直受屈，当凭尊长公正人调处。即与族外亲友有所争论，亦应请两边公正人调处。不得已而讼于官，当警惧惊知止，不可健讼。我欲求胜于人，人亦求胜于我，互相求胜，而不败业亡家者几稀，切戒之。"触犯族规家法，轻则叱责，重则打板子、不准入祠祭祀；"至于作奸犯科，贻羞宗族者，或不奉孔圣之教而入外教者，或不守王法而入放辟邪侈招事惹祸者，或不孝养父母久缺祭扫者，如此等人，概将草谱名字贴除，再过三年不改，永远除名，修正谱时，不准入谱"。何兹全先生在回忆录中，曾谈过他们菏泽何氏祠堂甚至有将不法的子弟"点天灯"者，此当非普遍族规，但亦可想见过去族规家法之重。祠堂，是对宗族祠堂建筑历史、创制、方位等一系列有关内容的介绍，亦会附图。世系，则是以世代的形式表示谁是谁之子、谁是谁之承嗣子等承属关系。

体例如是，其编纂态度，因要传之子孙，族内永宝，故而遵循详近略远、传信不传疑、宁缺毋滥的修谱原则和求实宗旨，是即是，无即无，不乱认祖宗，亦不厚污祖宗。此与史家笔法同。因此族谱、宗谱之可靠性，自不待言。而自古至今，亦一般将族谱、宗谱等同于地方志，作为正史的必要补充，匡正史之不逮，补志传之不足。如明人胡应麟《少室山房笔丛·经籍会通二》言："纪传录：一国史，二注历，三旧事，四职官，五仪典，六法制，七伪史，八杂传，九鬼神，十土地，十一谱状，十二簿录。"清人章学诚《文史通义》内亦谓："夫家有谱，州县有志，国有史，其义一也。"可见家谱与地方志、国史具有几乎同等重要之地位和作用，具有历史书写之共性。梁启超在《中国近三百年学术史》中总结说："我国乡乡家家皆有谱，实可谓史界瑰宝……能尽集天下之家谱，俾学者分析研究，实不朽之盛业也。"梁氏还盛赞章实斋"知族属谱牒之要"，撰《永清县志》，将谱牒运用自如于志，是"其长六也"。

（二）

金承涛先生所编此本《后金杜度家族人物史略及其直承后裔谱志》，是就其族内自褚英特别是杜度以降，整个家族发展、演变的历史记载与人物生平事迹传稿。志稿以家族世袭爵位的各位先辈为主轴，旁及相关者，讲述近三百年间家与国的历史、家族的变迁，钩稽沉隐，搜集靡遗，且每以辨析及案断。金先生之所以撰写此部志稿，既为感喟过去清史中多忽略或有意掩盖其先祖褚英是建州女真的三统帅（努尔哈赤、舒尔哈齐、褚英）之一，曾长期参与统军和执政，不是如清史所述仅仅代父理政数十天而已；亦对向来清史撰写者凭臆断妄言褚英死后除爵、收没财产深表不以为然，因他们家族实际上不但保有封号、爵位，遗族还继续领有包衣佐领。此点光绪三十三年（1907）《宗人府第一次统计表》之第四表《宗室奉恩镇国公、辅国公爵秩衔名统计表》所列，亦可作为明证，"奉恩辅国公广寿"之名赫然在焉。以他们这一支在整部清史上的特殊地位，此部志稿不仅可补《清史稿》《清史列传》之不足，亦可与《玉牒》《满文老档》《八旗通志》等皇清资料相参酌，具有珍贵的史料价值。

如章学诚谓："史如日月，志乘如灯。灯者，所以补日月所不及也。故方志之于人物，但当补史之缺、参史之错、详史之略、续史之无，方为有功记载。如史传人物本已昭如日月，志乘又为之传，岂其人身依日月而犹借光于灯火耶？"话虽如此，亦不必竟然。以金先生他们这一支的一世祖、创建镶白旗的多罗安平贝勒杜度为例，杜度在大清开国史上功勋卓著，是清入关前建功至伟的几位骁将之一，征多罗特部、征察哈尔、征朝鲜、征明，无役不与；松山之役，重创洪承畴，他是最高指挥者之一，功劳仅在多尔衮之下。《清史稿·卷二一六》"列传三·诸王二"，及《清史列传·卷三》"宗室王公传三"，皆有《杜度传》。然而这些传记多本乎沈阳崇谟阁藏本《满文老档》（为金梁于 1918—1929 年间雇人所译），而崇谟阁藏本是乾隆四十三年（1778）之重缮本，世称"小黄绫本"。重缮时因档册原件年久糟旧，字迹漫漶，缮写人员于杜度事迹不熟，抄录时不时误将杜度本事当作老满文字形极为近似且彼时大家耳熟能详的裕亲王多铎本事。故不光《清史稿》《清史列传》，包括《满文老档》，凡提及杜度处，张冠李戴者，所在多多。如杜度为天命朝的八旗旗主之一，多铎也在天命后期被努尔哈赤或皇太极任命为旗主，弄清他们各自的史事，意义甚大。再如尼堪与杜度之关系及尼堪本事，金先生此志稿均能结合《玉牒》辨正前人所说之误，以正视听，所涉者小，所关者大。

再如《东华录》及《清实录》中记康熙帝曾言"褚英后裔有为其先祖复仇之意"，金先生在写给区区的一封信中说："康熙朝杜度后裔人才辈出，陆续担任满蒙八旗都统的有四人，其中杜度之孙苏努曾任盛京将军八年，任镶红旗满洲都统长达四十四年，他的儿子勒什亨、舒尔臣亦受到康熙帝呵护提升，勒什亨任宫廷侍卫内大臣并身兼数职。曾孙普奇曾同时身兼正红旗满洲都统、正白旗满洲都统二职。康熙晚年又任命杜度曾孙阿布兰为镶蓝旗满洲都统。在康熙朝进入宗人府任宗正、宗人的有准达、苏努、阿布兰。这些任职几乎贯穿了康熙朝主要过程，可以肯定地说康熙帝对于这一支宗族，不但无歧视，而且信赖提携有加。在雍正时期为打击苏努及阿布兰，张廷玉在撰写康熙朝实录中秉承主子意图竟然捏造康熙曾说'褚英后裔有为其先祖复仇之意'。此话显然与康熙帝多年的实际作为不符。雍正本人也擢用杜度曾孙普泰为吏部左侍郎、正黄旗满洲副都统，参与议政。普泰连续任职至乾隆元年，转任兵部侍郎。此'复仇说'在民国初年竟被清史学家孟森囫囵引用，误导后人。"所涉诸史事及诸人物，金先生在此部志稿中，均有很好的辨正，细心的读者可参酌。

再如志稿中记其祖德裕公云："宣统二年（1910）九月奉旨临危受命任盛京副都统，并充福陵、昭陵守护大臣，兼署金州副都统。代表清政府军方与日军代表乃木大将谈判。要求日方按照 1895 年 11 月 8 日中日签订的《交收辽南条约》各款执行，日军应由辽东各地撤出，坚持收回金州（大连）主权。他在各任职期中着力支持改革维新，预备行宪政。亦曾被推举为奉天各地满蒙汉八旗、内务府、宗室觉罗总代表上奏政军意见。"这些都是过去近代史研究所忽略不察，地方史研究亦未曾道及者。《奉天通志·卷一九三》有《德裕传》，说德裕公于光绪三十一年（1905）任后金龙兴故都辽阳城守尉时，讲求新政，"创八旗学堂、八旗铁工厂、讲演所"，可见是位胸有抱负、思想能跟得上时代的爱新觉罗宗室。诸事虽小，而所关涉者大，均可补官家正史之阙、地方志乘之遗。

走笔至此，亦须一言。族谱研究是当代家族史研究中极度重要的一环。研究者固然要关注所研究族谱、宗谱内所涉人物的个人命运、家族遭际，但更要注意大时代大变迁大背景下人物与家族、人物与社会、家族与社会的关系，细心体察。毛泽东主席 1957 年在成都会议上说："如果家谱、族谱加以研究，可以知道人类社会发展规律，也可以为人文地理、聚落地理提供宝贵的资料。"此言实可谓点出大历史视野下谱牒学研究的意义。以今天的眼光看，随着科学技术的发展，世界一体，信息互通有无，人文学科领域也观念日新、层进日深，研究方法、研究视角呈多维状况，同一件事，历史学家看是一个角度，经济学家、社会学家或遗传学家看是另外一个角度。当今进行谱牒学研究，均不免要同时关照它在考古学、历史学、民俗学、人口学、遗传学等学科中的价值及意义。家谱的字里行间都存在鲜为人知的宝贵数据，家谱有着其他文献不可替代的作用。

结合金先生此志稿，我以为它有如下价值：

（1）家谱的符号是姓氏，它首先是其家族的变迁史，亦为现代宏观意义上的家族史研究提供史料。

（2）可以与《奉天府志》《八旗通志》《东华录》《清史稿》《清史列传》《清实录》《满文老档》《玉牒》等正史相互参证，甚至可补史志之阙。要知往往方志、正史未备、未详或者记载有误之处，恰恰详备于姓氏家谱之中。

（3）为解决清史研究中所涉其族内人物及历史事件之争，提供进一步研究之线索。

（4）为研究清代早期（雍正以前）爱新觉罗皇族内部宗族信仰（主要指苏努家族之事）、皇族与政治之关系、政治权力斗争及清代制度史、外交关系史、经济史、文化史、社会史、民族史、人口史，乃至北京史地文化，提供可研究的文献资料。

（三）

金先生他们这一支，在有清近三百年间，虽非被封爵至亲王、郡王，但也是贝勒、贝子累代递降至入八分奉恩辅国公，世代拥有所属佐领，世袭罔替，是真正的阀阅之家。《满文老档》天聪元年（1627）十二月初八条，记录大贝勒代善追述以前努尔哈赤时代议政情况时说："尔先时尚不得入五大臣之列，台吉德格类、台吉济尔哈朗、台吉杜度、台吉岳托及台吉硕托，早已随班议政。因尔阿巴泰在诸弟之列，幸得六牛录，方入诸贝勒之列，今尔欲欺谁乎？阿哥阿济格、阿哥多尔衮、阿哥多铎，皆系父汗分给全旗之子，诸贝勒又先尔入八分之列。"入八分，《大清会典》中注释云："天命年间，立八和硕贝勒共议国政，各置官属，朝会燕飨，皆异其礼，锡赉必均及，是为八分。"此是后金时期，在当时特殊的体制下，宗室中的高等阶层成员所拥有的特权及某种资格。其特权，不仅仅限于按八分分财务，最主要是享有议政权，即参与朝政、处理后金（清）军国要务权。当时能享有此权力者，在天命朝主要是宗室贵族中的旗主贝勒和非旗主贝勒，统称"入八分贝勒"。杜度在他们同辈中，封贝勒最早，在战场上智勇善战，戎马一生，战绩恢宏。征战朝鲜，若阿敏与杜度久占不归或拥兵自重，则八旗主力必将分裂，其后果必将造成后金、朝鲜以及清朝之历史改写。他们这一家族在清初开国史上之重要性，不言而喻。

入关后，随着中央皇权加固，八分体制解体，议政王大臣会议逐步走向瓦解，八旗宗室王公领主对所属本旗军队的统领权受到削弱，逐步为爵位制度所替代，但入不入八分，依然是一明显的等级概念与等级界线。崇德元年（1636），朝廷制定爵位制度，从高至下依次为和硕亲王、多罗郡王、多罗贝勒、固山贝子、镇国公、辅国公、镇国将军、辅国将军、奉国将军九级，入关后又增奉恩将军，凡十等。而此十等里，"入八分公"（即"八分内公"）与"不入八分公"，是一明显的分界。如崇德元年（1636）封爵制度即明令："皇子系庶妃所生者，为镇国将军。亲王侧室妾媵子，封辅国将军。郡王侧室妾媵子，封奉国将军。"以上即使有佳子弟，蒙圣恩，由皇帝"特恩"破格封为公爵者，亦不得入八分之列。当时封爵方式有两种，一系因军功受封，称"军功封"；另一系以皇帝直系子孙受封，称之为"恩封"。以军功封者无论王、贝勒、贝子、八分公均世袭，永不降封。以恩封者则一般每一代降封一等承爵。亲王降至镇国公，郡王降至辅国公，贝勒降至不入八分镇国公，贝子降至不入八分辅国公，镇国公降至辅国将军，辅国公降至奉国将军，以后则世袭罔替，不再递降。清代世袭罔替的亲王、郡王共有十二家，俗称"铁帽子王"，其中八家以军功封爵，四家以恩封。以军功封公者同于贝子，可世代领有佐领。以恩封公者虽也领有佐领，但一是数目较少，二是截世而止，不得世袭。如《雍正朝满文朱批奏折全译》记载，镶红旗辅国公阿布兰向宗人府报告他们家分继其祖父贝子萨弼佐领的情况时说："我祖父原有满洲佐领五个、汉军佐领二个。康熙三十年，我祖母于我兄弟分家时，俱交我伯父苏努办理之。"接下来苏努报告说："我婶母嘱咐我说，'我与小孙子法布兰一起过，仲孙阿布兰给满洲佐领三个、汉军佐领一个，小孙子法布兰给满洲佐领二个、汉军佐领一个。'"佐领即受封牛录，府中属人的意思。其具体人数，努尔哈赤时一牛录三百人，皇太极时每佐领约二百人，康熙时一百三四十人，嘉庆后则以一百五十人为率，于此可想见八分公府之规模。至光绪三十三年（1907），宗室中入八分奉恩镇国公、辅国公爵秩世袭罔替者共二十一家，金先生他们家族居其二焉（杜度系与尼堪系）。于此均可以想见他们家族在有清近三百年间之地位，虽不至过显，但世代王孙，可谓钟鸣鼎食之家。

　　钱穆先生说过："欲研究中国社会与中国文化，必当注意研究中国之家庭……今所谓门第中人者，亦只是上有父兄，下有子弟，为此门第之所依赖以维系而久在者，则必在上有贤父兄，在下有贤子弟。若此二者俱无，政治上之权势，经济上之丰盈，岂可支持此门第几百年而不敝不败？""当时门第传统共同理想，所希望于门第中人，上自贤父兄，下至佳子弟，不外两大要目：一则希望其能具孝友之内容，一则希望其能有经籍文史学业之修养。此两种希望，并合成为当时共同之家教。其前一项之表现，则成为家风。后一项之表现，则成为家学。"此话移用于金先生他们家族，亦属妥帖。综观这部志稿，金先生他们这一支，褚英、杜度以降，雍正朝以前，可谓迭受严重打击，但整体并未消沉，代代出人，子弟见闻习尚，以悲情为动力，秉承其先祖识大体、顾大局、坚忍有为的精神，奋发自强。如金先生尝谓杜度从政稳健务实，终生领军，无一败绩，在逆境中上进有为。至清末民初，社会剧变，众多满蒙世宦之家逐渐败落，子孙如杜甫《哀王孙》中所写："腰下宝玦青珊瑚，可怜王孙泣路隅。问之不肯道姓名，但道困苦乞为奴。"但金先生他们家族在大变迁之下，在其祖父德裕公的引领之下，不仅维护了兄弟各房家人的后续，而且使下一代能接受新教育、新思想，使整个家族能自立于新时代。这在那个时代，是非常难能可贵的。再如金先生于志稿中提及其母恒太夫人时说："先母喜塔腊氏恒太夫人讳宝琳，力挽困厄，辛勤抚育吾辈成长，晚年履艰，开创新天地惠及子孙。社会在发展，历史的潮流滚滚向前，个人靠自强、自律、奋发开拓，自祈福祉！"要知自晚清以降之一百年，为中国三千年以来从未有之大变局，金先生的父母经历晚清向民国之转变，特别是经历北洋乱局及八年抗战，真可谓社会动荡，民生艰难，其母恒太夫人能不畏艰险，整顿家业，坚持让子女接受教育、以学业为本，真可谓眼光宏远，识见不凡，可与历史上的孟母前后辉映。

综上，可以想见金先生他们这一支之家风与文化信条。真所谓君子创业垂统，子孙亦仰体先志，修身慎行，与时俱进，诸事取法乎上，识大体、顾大局，坚忍有为，如此方至于今三百余年，谱系不绝。其家族文化，有进一步深入研究之必要。

最后，想以一句骈偶句作为结尾："百年世泽，赖此牒坠绪仅存；后嗣振兴，在各人立志自立。"

二〇一七年十月
于北京大学燕东园

编辑记事

本书编写后期，须将杂乱的文档与图片系统地整理、校对、修改和编排打印，这项繁细费时的工作，是由秾纤服装总设计师富察文女士主动承担的，她是利用春节假期完成这项工作的，她说这是对本文稿出版的最佳赞助！盛谊当歌，"文若伊人"。

江苏常州清史及爱新觉罗家族史研究学者潘颖先生为本书许多史料的梳理和考证提供了帮助，一并表示感谢！